Christel Fisgus / Gertrud Kraft

„Morgen wird es wieder schön!"

Neue Materialien für die Praxis

Auer Verlag GmbH

Gedruckt auf umweltbewusst gefertigtem, chlorfrei gebleichtem
und alterungsbeständigem Papier.

3. Auflage. 1998
Nach der Neuregelung der deutschen Rechtschreibung
© by Auer Verlag GmbH, Donauwörth
Alle Rechte vorbehalten
Fotos im Materialteil: Hannes Bessermann, Selb
Zeichnungen: Stefanie Schelte
Gesamtherstellung: Ludwig Auer GmbH, Donauwörth
ISBN 3-403-02638-8

Inhaltsverzeichnis

Zur Einführung 5

I. Die Lernbereiche in der Montessori-Pädagogik 7

1. Mathematik 9
1.1 Das Sinnesmaterial 10
1.2 Das Dimensionsmaterial als besondere Art des Sinnesmaterials 11
1.3 Der Zahlenraum bis 10 12
1.4 Einführung in das Dezimalsystem und Grundaufgaben der Addition, Subtraktion, Multiplikation und Division 12
1.5 Geometrie 13
1.6 Potenzen, Wurzeln und Rechnen mit gebrochenen Zahlen 14

2. Sprache 15
2.1 Schreiben 15
2.2 Lesen 16
2.3 Sprachlehre 16

3. Kosmische Erziehung 19

II. Materialien für die Praxis 21

Einführung in den Materialteil 22

Beschreibung einzelner Arbeitsmittel 23

Inhalt des Materialteils 24
Deutsch – Erstlesen 26
Deutsch – Weiterführendes Lesen 31

Deutsch – Erstschreiben 35
Deutsch – Weiterführendes Schreiben . . . 37
Deutsch – Rechtschreiben 38
Deutsch – Schriftlicher Sprachgebrauch 41
Deutsch – Sprachbetrachtung 43
Mathematik – Pränumerischer Bereich . . 49
Mathematik – Zahlenraum bis 10 52
Mathematik – Zahlenraum bis 20 57
Mathematik – Zahlenraum bis 100 59
Mathematik – Zahlenraum bis 1000 62
Mathematik – Zahlenraum bis zur Million 63
Mathematik – Geometrie 65
Mathematik – Multiplikation 68
Mathematik – Rechnen mit Größen 71
Sachkunde – Kind und Gesundheit 74
Sachkunde – Kind und Natur 76
Sachkunde – Kind und Zeit 82
Sachkunde – Kind und Verkehr 85
Sachkunde – Kind und Gemeinschaft . . . 86
Sachkunde – Kind und Heimat 87
Sachkunde – Kind und Europa 89
Sachkunde – Kind und Welt 90
Sachkunde – Kind und Kosmos 92
Musischer Bereich: Musik 93

III. Anhang 95

Kopiervorlagen 96

Bezugsquellen 131

Anmerkungen 132

Literaturverzeichnis 133

Vorwort

> *„Nein, wir tun nicht das, was wir wollen, sondern wir wollen das, was wir tun."*[1]

Mit dieser Antwort wandte sich einst eine Schülerin Maria Montessoris an einen Gast, der meinte, die Kinder hätten hier die Freiheit nur das zu tun, was ihnen gefiel. Dieses Kind empfand klar den feinen Unterschied zwischen einer Tätigkeit, die dem reinen Amüsement dient, und ernsthafter Arbeit, die mit Liebe und Wertschätzung ausgeführt wird.

Umfasst dieser Gedanke einfach nur das goethesche Konzept der „Schönen Seele", die ihre Neigung, wie es bei Goethe noch heißt, stets den Zielen der Pflicht dienstbar zu machen versteht? Oder sagt er nicht vielmehr etwas darüber aus, wie wichtig ehrliches Engagement ist für den erfolgreichen Ausgang einer Bemühung?

Wir halten die zweite Interpretation für die angemessenere. Doch ist es schön, auch die erste anzuführen, da sie bildhaft macht, welche Harmonie erreicht werden kann, wenn man sich diese kindliche Aussage zu Herzen nimmt.

Dieses Engagement, zu wollen, was wir tun, hat auch uns bei der Arbeit zu unserem zweiten Band ständig begleitet, vorangetrieben und uns geholfen so manche Hürde zu überwinden. Dieser ehrlichen Begeisterung schreiben wir auch den Erfolg zu, den unser erstes Buch „Hilf mir, es selbst zu tun!" hatte und für den wir uns an dieser Stelle ausdrücklich bei unseren Leserinnen und Lesern bedanken wollen.

Besonders freuen wir uns auch über *Ihr* Engagement, uns durch die zahlreichen Rückmeldungen und Kritiken zu einer Weiterführung des Buches zu ermuntern. Obwohl – wie alles hat auch das Lob zwei Seiten – wir uns plötzlich einem Erfolgsdruck ausgesetzt sehen, auf den wir bei der Erstellung des ersten Bandes noch keine Rücksicht nehmen mussten.

Aber unsere Begeisterung ist noch wach und so stark wie an dem Tag, an dem wir erstmals die Idee hatten, die Prinzipien der Montessori-Pädagogik mit den Anforderungen der Regelschule in Verbindung zu bringen. Ausschlaggebend war damals für uns die Erfahrung, dass wir durch die herkömmliche Art des Unterrichts Kinder oft daran hindern eigene Vorstellungen zu entwickeln und die Lösungen von Problemen selbst zu finden. Das meiste, was man sie lehrt, vergessen sie. Das aber, was sie selber gesucht, erarbeitet und gefunden haben, behalten sie. Ja, mehr noch: Die Einbeziehung der Grundprinzipien Maria Montessoris in den Unterricht der Regelschule, nämlich Selbsttätigkeit und freie Wahl in einer vorbereiteten Umgebung, leistet einen wichtigen Beitrag zur allseitigen persönlichen Entfaltung des Kindes, führt zu stärkerer Konzentrationsfähigkeit, zu Ausdauer, Ordnung, Selbstvertrauen, Zuversicht und Lernfreude.

„Morgen wird es wieder schön!" – wenn ein Kind sich am Ende eines Schulvormittags so verabschiedet (und wir hatten beide das Glück, dies zu erleben), gibt es ein Stück dieser Zuversicht und Freude an uns zurück und entschädigt für manche Stunde Mehrarbeit.

Während sich der Theorieteil des ersten Werkes ausführlich mit den Grundlagen der Montessori-Pädagogik und ihrer Umsetzung in die tägliche Praxis an einer Regelschule beschäftigt, ist im vorliegenden Band der Theorieteil ausgeweitet auf die spezifische Anwendung in einzelnen Fächern. Es soll ein Überblick gegeben werden, welche Arbeitsmittel Maria Montessori ursprünglich bereitstellte, wie sie aufeinander aufgebaut und miteinander verzahnt sind.

Wir haben uns bemüht, inhaltliche Wiederholungen so weit als möglich zu vermeiden, bilden doch beide Bände eine Einheit. Der Materialteil enthält selbstverständlich völlig neue Anregungen.

Wir danken Antonia für ihre Hilfe sowie Klaus und Peter für ihre Unterstützung.

P. S.:

Wir bitten um Nachsicht, wenn wir die Bezeichnungen „Lehrerinnen" und „Schülerinnen" aus Gründen der leichteren Lesbarkeit in den Oberbegriff „Lehrer" und „Schüler" integrieren.

Zur Einführung

> *„Die Disziplin lässt sich (...) auf indirektem Wege erreichen."*[2]

Ein Montagmorgen, wie ihn jeder kennt ...

Wir versammeln uns zum Erzählkreis. Der Gesprächsstein geht von Hand zu Hand.
Michael kann es kaum erwarten, bis er an der Reihe ist. Nur unzusammenhängend, aber von lebhafter Gestik begleitet, lässt er uns teilhaben am samstäglichen Mitternachtskrimi. Er springt auf, wirft sich in den Kreis und ahmt verschiedene Aktivitäten der Gangster nach. Dabei tritt er einem anderen Schüler mit dem Schuh ans Knie. Der lässt sich das nicht gefallen und tritt zurück. Darauf folgen verbale Attacken. Andere mischen sich ein. Ein Tumult entsteht. Trotz bester Vorsätze gelingt es der Lehrkraft nur mit Mühe und Not, die Klasse zu bändigen und zum Thema zurückzuführen: Mein schönstes Wochenenderlebnis.
Danach steht Deutsch auf dem Stundenplan. Ein motivierendes Bild soll auf ein Gedicht einstimmen. Die Kinder äußern sich dazu. In der Klasse macht sich eine erwartungsvolle Stille breit. Der Lehrer beginnt mit dem Vorlesen. Er kommt bis zur vierten Zeile. Da fällt Ulis Mäppchen vom Tisch. Es dauert einige Zeit, bis alles wieder eingesammelt ist. Einige Kinder lachen, andere helfen beim Aufheben. Die Spannung, die Ruhe – damit ist es nun vorbei. Der Lehrer beginnt von neuem. Während er liest, schielt er mit einem Auge auf Max. Max kippelt mit dem Stuhl. Dabei schaut er gelangweilt zum Fenster hinaus. Eine Schülerin meldet sich heftig. Wieder wird der Vortrag unterbrochen. Sie möchte zur Toilette gehen.
Den nächsten Abschnitt sollen die Kinder still erlesen und dann Fragen zum Text beantworten. Während die schnellen Leser nach weiteren Aufgaben rufen, haben andere den Text gerade zur Hälfte bearbeitet. Unruhe entsteht. Beim abschließenden lauten Vorlesen des Gedichtes wird Marion immer kleiner. Sie versucht sich hinter ihrem Blatt zu verkriechen.

Sie möchte nicht aufgerufen werden, denn sie schämt sich. Weil sie nur stockend lesen kann, wird sie von den Klassenkameraden verspottet.
Der Lehrer, der in dieser 45-Minuten-Einheit die Unkonzentrierten interessieren, die Uninteressierten motivieren, die Begabten fordern und die Schwachen fördern will, versucht gleichzeitig einem Kind mit nichtdeutscher Muttersprache wenigstens annähernd den Inhalt des Textes zu vermitteln.
Dass dabei Schwierigkeiten auftreten, dass Unzufriedenheit auf beiden Seiten entsteht, das versteht sich von selbst.
Die Schilderung ließe sich um vieles erweitern: Besonders Begabte, Kinder mit massiven Verhaltensproblemen, Hyperaktive, Kinder mit Lese-, Rechtschreib- oder Rechenschwäche usw.
Jedes dieser Kinder hat ein spezielles Problem. Jedes dieser Probleme bedarf einer eigenen Lösung.
Obwohl die Ursachen vieler dieser Probleme hauptsächlich in der Lebenswelt der Kinder, in der veränderten Kindheit und in der Umwelt zu suchen sind, darf nicht außer Acht gelassen werden, dass einige dieser Probleme durch unser Schulsystem noch verstärkt werden. Noch immer wird versucht allen Kindern einer Klasse zur gleichen Zeit im gleichen Tempo den gleichen Lernstoff auf gleiche Weise beizubringen.
Dabei wird hartnäckig darüber hinweggesehen, dass Lernen ein aktiver, individueller Prozess ist, der von vielen Faktoren abhängig ist. Jedes Kind, egal, welche Last es zu tragen hat, ist lernwillig und lernfähig, jedes Kind ist ein anderer Lerntyp, hat unterschiedliche Lernkanäle, die es zu berücksichtigen gilt, wenn Lernen erfolgreich stattfinden soll.
Auf die veränderten Anforderungen, die die Gesellschaft heute an die Schule stellt, reagiert diese nur zögernd. Vielfach ist ein Verharren in festgefahrenen Strukturen und starren Schemata zu beobachten:
Während wir Lehrer die Disziplinlosigkeit, das mangelnde Interesse und die Unfähigkeit zur

Konzentration lautstark beklagen, verlieren wir den Blick für nahe liegende Lösungen.

Wollen wir Kinder motivieren, interessieren und aktivieren, müssen wir den Unterricht öffnen und Lerngelegenheiten zulassen, die die gewohnte starre Ordnung aufheben. Ein methodischer Ansatz zur Umkehr ist die Veränderung der Lernumgebung. Sie muss den Bedürfnissen der Kinder angepasst sein.

Folge davon ist nicht Disziplinlosigkeit – ganz im Gegenteil: Begabte Kinder werden nicht länger am Durchschnittsmaß gemessen und haben weniger Veranlassung den Unterricht aus Langeweile zu stören, Leistungsschwächere können sich die Zeit zum Lernen nehmen, die sie brauchen.

Maria Montessori sagt dazu: „Gewiss haben wir bei unserem System einen anderen Begriff von Disziplin. Auch Disziplin muss aktiv sein. Es ist nicht gesagt, dass ein Mensch nur dann diszipliniert ist, wenn er künstlich so still wie ein Stummer und so unbeweglich wie ein Gelähmter geworden ist.

Hier handelt es sich um einen geduckten und nicht um einen disziplinierten Menschen.

Wir nennen einen Menschen diszipliniert, wenn er Herr seiner selbst ist und folglich über sich selbst gebieten kann, wo es gilt, eine Lebensregel zu beachten."[3]

An anderer Stelle meint sie: „Diese Auffassung verlangt vonseiten des Erwachsenen eine größere Sorgfalt und schärfere Beobachtung der wahren kindlichen Bedürfnisse; als erste praktische Tat führt sie dazu, die geeignete *Umgebung zu schaffen,* in der das Kind handeln kann, um erstrebenswerte Ziele zu erreichen, um es so auf den Weg der Ordnung und der Vervollkommnung seiner unbändigen Aktivität zu lenken."[4]

I.
Die Lernbereiche
in der
Montessori-Pädagogik

Maria Montessori

Im Unterschied zu anderen Reformpädagogen richtet Maria Montessori den Blick auf die Entwicklung des Kindes und seine Bedürfnisse *vom Zeitpunkt der Geburt bis hin zum Eintritt in das Erwachsenenalter.* Neben pädagogischen Grundgedanken kennen wir von Montessori umfangreiche Konzepte und Materialien für die Schulung der Sinne, für den Umgang miteinander im täglichen Leben sowie für die Bereiche Sprache, Mathematik und „Kosmische Erziehung" – ein Begriff, den Maria Montessori geprägt hat und der unserer heutigen Sachkunde nahekommt.

Montessori will keine starre Trennung zwischen Kindergarten und Schule. Alles fließt ineinander. Grundidee ist, dass jedes Kind die Möglichkeit haben soll sich mit einem Lerngegenstand zu dem Zeitpunkt auseinanderzusetzen, an dem bei ihm das Interesse für dieses Gebiet erwacht.

Alles Material ist so konzipiert, dass es dem Kind hilft die Welt zu erfassen und damit seine Entwicklung aktiv mitzugestalten.

Es finden sich im Kinderhaus Lernmaterialien, die zum Beispiel erstes Lesen oder den Umgang auch mit großen Zahlen anbahnen, alles Materialien, die wir im Original oder modifiziert für unseren Unterricht in der Grundschule übernehmen können.

Allen Materialien ist gemeinsam, dass mit ihnen und an ihnen die angeborenen Kategorien der Wahrnehmung geschult, trainiert und automatisiert werden. Alles, was wir mit Hilfe der Sinne wahrnehmen, wird in diese Kategorien eingeordnet. Das heißt, nehme ich einen Gegenstand wahr, der räumlich ist, wird er in die Kategorie „*Raum*" (hoch, breit, lang…) eingeordnet. Das gleiche gilt für die Kategorien „*Zeit*" (vorher, nachher, gleichzeitig…), „*Zahl*" (weniger, mehr…), „*Kausalität*" (wenn – dann…) und „*Substanz*" (fest, flüssig…).

Alle Materialien dienen aber auch der Entwicklung geistiger Grundfunktionen: Wiedererkennen, Vergleichen, Unterscheiden, Kombinieren und Miteinander-in-Beziehung-Setzen. Wenn die Sinne Informationen an das Gehirn liefern, werden Begriffe gebildet und neue Realitäten konstruiert. Für alle Bereiche des Lebens – schulische und außerschulische – sind diese geistigen Grundfunktionen für eine geordnete und handlungsfähige Persönlichkeit Voraussetzung. Ohne sie ist kein Lernen möglich.

Ob es sich um den „Rosa Turm" handelt, bei dem es gilt, unterschiedliche Kuben zu vergleichen, oder um den „Trinomischen Würfel", der den „Satz des Pythagoras" veranschaulicht – immer werden die geistigen Grundfunktionen gebildet, geübt und perfektioniert.

Heute wissen wir von der Edukinesthetik, dass die menschlichen Gehirnhälften unterschiedlich arbeiten, dass jeder Mensch über rechtshemisphärische und linkshemisphärische Fähigkeiten und Bewusstseinszustände verfügt und dass erfolgreiches Lernen stets die Einbeziehung beider Seiten erfordert. Auf einzigartige Weise ermöglicht der Umgang mit den von Maria Montessori entwickelten Lernmaterialien die Integration der zwei Gehirnhälften.

Das Kind erwirbt im Umgang mit den Materialien so Schritt für Schritt mehr Kompetenz; die Entwicklung schreitet fort.

1. Mathematik

> *„Die geistige Entwicklung kann und muss durch die Bewegung unterstützt werden."*[5]

Maria Montessori war als Naturwissenschaftlerin fasziniert von Mathematik. Sie nennt den menschlichen Geist einen „mathematischen Geist", jenen Teil des Geistes, „der sich durch Exaktheit aufbaut".[6]
Sie übernahm diesen Begriff von dem französischen Theologen und Philosophen Blaise Pascal, der die These vertrat, dass wir unser Weltbild mit Hilfe des mathematischen Geistes aufbauen. Wie Pascal meint Maria Montessori, dass Mathematik zum Menschsein schlechthin gehört. Bevor ein Kind mit dem Schulfach Mathematik konfrontiert wird, hat es im täglichen Leben bereits mannigfaltige mathematische Erfahrungen erworben durch seine eigene Betätigung: Das Kind hilft beim Tischdecken und legt vier Teller, vier Messer, vier Gabeln auf, es spielt Verstecken, dabei lernt es das Zählen, und es kann auf den ersten Blick mehr oder weniger unterscheiden, beim Zuknöpfen der Jacke erfährt es die Invarianz der Menge, denn zu jedem Knopf gehört ein Knopfloch, bei Legespielen und beim Klettern erfährt es die Anfänge der Geometrie.
Mathematik ist also eine Geistesverfassung, die man sich handelnd erwirbt. Maria Montessori nennt ihr Material „Schlüssel zum Erschließen der Welt".[7]
Ihre Materialien reduzieren die für ein Kind oft verwirrende Wirklichkeit didaktisch. Im Gegensatz zu Anschauungshilfen, die für die Hand des Lehrers gedacht sind, sind Montessorimaterialien Entwicklungshilfen für die Hand des Kindes. Das Material muss sich dem psychischen Bedürfnis des Kindes wie eine Leiter darbieten, die dem Kind Stufe für Stufe bei seinem Aufstieg behilflich ist.
Maria Montessori spricht von den sogenannten „sensiblen Phasen" im Leben eines Kindes. Es handelt sich dabei ihrer Auffassung nach um Entwicklungsabschnitte vorübergehender Dauer, die zum Erwerb von Fertigkeiten oder Fähigkeiten besonders günstig sind. Auf jeder Stufe seiner Entwicklung soll das Kind Material finden, das seine Aufmerksamkeit fesselt, zum Verweilen einlädt, das Üben erlaubt bis zur Beherrschung und dem Bewegungsdrang des Kindes entgegenkommt.
Maria Montessori suchte nach Hilfen für das Kind, die seine Sensitivität für Ordnung ansprechen. Der handelnde Umgang mit dem Material bereitet Verständnis vor und führt schließlich zur Erkenntnis. So können zum Beispiel Kinder mit dem Goldenen Perlenmaterial ganz konkret Mengen erfassen, tauschen, sortieren, vergleichen.
Viele von uns Erwachsenen werden, wenn sie an Mathematik auch nur denken, von tiefen Unlustgefühlen befallen. Erinnerungen an die eigene Schulzeit werden wach und mit ihnen Erfahrungen von Unzulänglichkeit und Misserfolg.
Obwohl immer wieder neue didaktische Konzepte für den Mathematikunterricht entwickelt worden sind und man immer versucht hat den Kindern von der Sache her ansprechende und interessante Aufgaben zu bieten, beobachten wir auch heute, wie Kinder, die vor Beginn ihrer Schulzeit von Zahlen fasziniert waren, schon nach wenigen Schulwochen den Spaß am Rechnen verlieren. Statt vorhandene Interessen zu nutzen, wird für alle der im Lehrplan vorgeschriebene Lernstoff in kleinschrittigem Verfahren dargeboten. Von September bis Weihnachten wird der Zahlenraum bis 7 im Gleichschritt gründlich erarbeitet. Dass jedes Kind unterschiedliche Vorkenntnisse, unterschiedliches Können und unterschiedliche Lernwege mitbringt, wird dabei oft außer Acht gelassen. Kinder, die bei Schuleintritt zum Beispiel mühelos bis 20 rechnen können, treten monatelang auf der Stelle. Ihr Wissen wird nicht erweitert, ihre Neugier auf Neues wird gedämpft oder sogar unterdrückt. Solche Kinder schalten nicht selten ab, die Anstrengungsbereitschaft lässt nach und irgendwann kann es sogar passieren, dass Fähigkeiten und Fertigkeiten, die das Kind besaß, nicht mehr verfügbar sind. Andererseits können wir beobachten, wie sich das Heer der Rechenschwachen, denen längeres Verweilen auf einer bestimmten Stufe versagt bleibt, beständig vermehrt. Es ist kein Zufall, dass die Bedeutung des entdeckenden Lernens ein zentrales Anliegen vieler moderner Mathematikdidaktiker darstellt und in diesem Zusammenhang immer wieder auf die Methode und das Material Maria Montessoris verwiesen wird.
Alle Aktivität geht über die Sinne, ist an das Tun gebunden und prägt sich so ein. Das Kind gelangt über das Greifen zum Begreifen. Das äußere Tun hat innere Aktivität zur Folge. Der Umgang mit dem Material bedeutet nicht nur Rechnen lernen, es bedeutet genauso Entschlusskraft üben, selbstständig werden, Ausdauer beweisen und Erfahrungen sammeln.
„Wenn man das Interesse des Kindes auf der Grundlage der Wirklichkeit wachruft, dann wird sogleich der Wunsch wach mehr von ihr zu erfahren. Dann kann man genaue Bestimmungen bringen; und die Kinder geben diesem Wunsche nach Bestimmungen auf ihre Art Ausdruck. Wir hatten z. B. in einer unserer Schulen einen kleinen Jungen von sieben Jahren, der sich den Rhein zum Studium gewählt hatte. Die Lehrerin hatte eine Karte dieses Flusses mit seinen Nebenflüssen aufgehängt. Das Kind gab sich aber damit nicht zufrieden. Es wollte die maßstäbliche Länge aller Nebenflüsse kennen lernen. (Und siehe da, es war die Idee der Mathematik erweckt.) Um seine Karte besser anfertigen zu können, benutzte es Millimeterpapier. So entstanden

gleichzeitig in ihm der Sinn für Proportionen und das Interesse am Studium. Nach seinem eigenen Willen blieb es länger als zwei Monate bei dieser Arbeit. Und es war nicht eher zufrieden, bis es sie peinlich genau beendet hatte. Seine Befriedigung rührte daher, dass es es fertiggebracht hatte, die Idee mit mathematischen Mitteln auszudrücken."[8]

Schmutzler schreibt dazu: „Insofern ist der mathematische Geist nicht nur die Grundlage einer intellektuellen, sondern der gesamten psychisch-geistigen und seelischen Entwicklung, denn er hilft dem Kind, seine Gefühle und Vorstellungen, sein Erleben und Handeln immer wieder neu zu ordnen und sich zum Bewusstsein zu bringen, und ermöglicht dadurch überhaupt die Handlungs- und Urteilsfähigkeit des Menschen."[9]

1.1 Das Sinnesmaterial

> *„Es besteht kein Zweifel, dass dieses Material nicht nur als Schlüssel zur Erforschung der Umgebung, sondern auch als Mittel zur Entwicklung des mathematischen Geistes betrachtet werden muss."*[10]

Für die Schulung aller Sinnesfunktionen hat Maria Montessori Materialien entwickelt: für das Sehen, das Fühlen, das Hören, das Riechen und das Schmecken. Alle Phänomene der Wirklichkeit werden an diesen Sinnesmaterialien isoliert erfahren, um dann später wieder auf die Realität übertragen zu werden. Die Aufmerksamkeit der Kinder wird jeweils auf einen Sinn gelenkt. Montessori arbeitet immer mit dem Kontrastsystem: beginnend mit starken Kontrasten bis hin zu immer feineren Abstufungen.

Aufgabe der Kinder ist es, entweder Gleiches zu paaren oder Reihen zu bilden; manche Materialien lassen beides zu.

Als Material zur Unterscheidung von *Geräuschen und Tönen* bietet Maria Montessori die *Geräuschdosen* (vgl. „Hilf mir, es selbst zu tun!", S. 89) und die chromatisch gestimmten *Glocken* an. Die Arbeit mit den Glocken dient gleichzeitig der Vorbereitung der musikalischen Erziehung.

Für die Differenzierung von *Gerüchen und Geschmacksqualitäten* finden wir *Geruchdosen* und *Geschmackgläser*. Diese Gläser beinhalten Zucker-, Salz-, Zitrone- und Myrrhelösung. Eine Alternative zu den Geruchdosen sind Riechsäckchen, die wir im Materialteil auf Seite 74 vorstellen. Zur Entwicklung und Verfeinerung des *Farbsinns* dienen *Farbtäfelchen* in den Grundfarben, in den Mischfarben und in unterschiedlichen Schattierungen gleicher Farbtöne. Für unseren Unterricht schlagen wir bunte Stifte zum Sortieren nach Farben vor. *Visuelle und taktile Wahrnehmung* wird gefördert durch Einsatzformen der *geometrischen und der biologischen Kommode*. Bei beiden Sinnesmaterialien geht es darum, gleiche Formen durch Sehen und Tasten wiederzuerkennen. Die geometrische Kommode besteht aus einem Kasten mit sechs Schubladen. In jeder Schublade liegen unterschiedliche geometrische Einsatzfiguren, die man herausnehmen und wieder zuordnen kann.

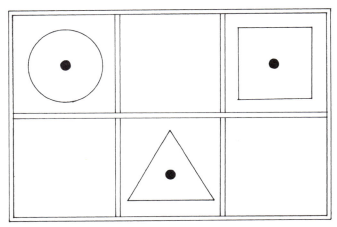

Geometrische Kommode

Die *biologische Kommode* ist ähnlich aufgebaut, nur handelt es sich bei den Einsätzen um Blattformen.

Der *Tastsinn* wird geschult durch *Tasttäfelchen*, die mit Sandpapier verschiedener Körnung bezogen sind, und durch den Kasten mit Stoffen, die verschiedene Oberflächenstrukturen aufweisen. Eine Möglichkeit Material zum Tasten selbst herzustellen, findet sich in „Hilf mir, es selbst zu tun!" auf Seite 90 und im Praxisteil dieses Bandes auf Seite 74.

Zusätzlich wurden von Maria Montessori Materialien entwickelt, die den *barischen Sinn* schulen: die *Gewichtsbrettchen*. Hierbei handelt es sich um Täfelchen gleicher Größe, aber von unterschiedlicher Holzart, die sich deswegen in ihrem Gewicht unterscheiden. Zur *Wahrnehmung verschiedener Temperaturen* dienen die *Wärmekrüge*, die mit unterschiedlich warmem Wasser gefüllt werden.

Glocken

1.2 Das Dimensionsmaterial als besondere Art des Sinnesmaterials

> *„Die Vorstellungskraft ist (...) die Grundlage des Geistes."*[11]

Die zentrale Stellung, die Maria Montessori ihrem Sinnesmaterial einräumt, findet ihre Begründung in einer zweifachen Funktion: Zum einen werden durch den handelnden Umgang mit konkreten Gegenständen die einzelnen Sinnesbereiche stimuliert, zum anderen erhält das Kind indirekt eine Einführung in mathematische Bereiche wie das Dezimalsystem oder die Geometrie.

Das Dimensionsmaterial stellt eine besondere Art des Sinnesmaterials dar. Indem Kinder mit diesen Materialien arbeiten, vergleichen, ordnen, zählen und messen sie. Die mathematischen Grunderfahrungen werden so motorisch und sensorisch gewonnen. Die Übung mit dem Dimensionsmaterial ist immer verbunden mit Sprache und Begriffsbildung.

Ein eindrucksvolles Beispiel stellt der *„Rosa Turm"* dar. Er besteht aus zehn Holzkuben, die sich dreidimensional verändern, wobei der kleine Würfel eine Kantenlänge von einem Zentimeter und der größte eine Kantenlänge von zehn Zentimetern aufweist. Neben der Schulung der Feinmotorik und der Auge-Hand-Koordination übt das Kind beim Umgang mit dem Rosa Turm alle geistigen Grundfunktionen (ein Beispiel: Wenn der kleinste Würfel unten liegt, fällt der Turm ein).

Die Gesetzmäßigkeit im Aufbau der Würfel stellt eine indirekte Hinführung zu unserem dezimalen System dar sowie zu räumlichem Denken, das eine Voraussetzung für operatives Handeln ist. Die Bedeutung von „groß" und „klein", von „größer als …/kleiner als …", von „der Größte/der Kleinste …" wird buchstäblich „begriffen" und somit verinnerlicht. An der *„Braunen Treppe"*, die sich zweidimensional verändert, werden die Begriffe „dick" und „dünn" erarbeitet, die *„Roten Stangen"* vermitteln die Vorstellung von „lang" und „kurz".

Rosa Turm, Braune Treppe und Rote Stangen lassen sich auf vielfältige Weise variieren und kombinieren. Das Gleichmaß der Veränderung lässt sich als Gemeinsamkeit entdecken.

Um weitere Ordnungsstrukturen im Bereich der Dimensionen zu bilden, bietet Maria Montessori den Kindern Einsatzzylinder und farbige Zylinder an. Die *Einsatzzylinder* unterscheiden sich durch Veränderungen in einer, zwei oder drei Dimensionen und sollen in die passende Vertiefung des jeweiligen Zylinderblocks eingesetzt werden. Die Begriffe „hoch"/„niedrig", „dick"/„dünn" und „groß"/„klein" werden gefestigt. Das Kind übt mit diesem Material auch den „Drei-Finger-Griff" als Vorbereitung für das Schreiben. Ähnliche Lernziele weisen die *„Farbigen Zylinder"* auf.

Farbige Zylinder

Mit den *„Konstruktiven Dreiecken"* wird auf die Geometrie vorbereitet. Alle Dreiecke lassen sich miteinander kombinieren. So entstehen neue geometrische Formen, wie z. B. Raute, Parallelogramm, Rechteck, Trapez …

Die „Konstruktiven Dreiecke" lassen sich in abgewandelter Form aus Karton oder Moosgummiplatten selbst herstellen (vgl. S. 66). Im Anhang des Buches findet sich eine Kopiervorlage dazu (S. 121). Erste Erfahrungen mit der Stereometrie vermitteln die zehn *„geometrischen Körper"*.

Auf optischem und taktilem Lernweg begreifen Kinder die Merkmale und ordnen den Körpern ihre Grundflächen zu. Geübt werden die Begriffe „rollen" und „kippen", „rund", „spitz", „eckig", „Kante", „Ecke", „Fläche", „Spitze" sowie die Namen der Körper.

Variation mit Rosa Turm, Brauner Treppe und Roten Stangen

Im Materialteil sind diese geometrischen Körper auf Seite 65 genauer beschrieben. Außerdem finden sich im Anhang Kopiervorlagen für Beschreibungsrätsel und Auftragskarten (S. 119f.).

Geometrische Körper

1.3 Der Zahlenraum bis 10

> „Die Hand ist das Organ des Geistes."[12]

Die Zuordnung von Zahldarstellung und Symbol erlernt das Kind, indem es die *blau-roten Stangen* (siehe „Hilf mir, es selbst zu tun!" S. 74) in der richtigen Reihenfolge auslegt, das zugehörige Ziffernbrettchen sucht und zu den entsprechenden Stangen legt. Beim Tragen der Stangen wird das Längenmodell „körperlich" erfahren. Den *Spindelkästen* (S. 53) liegt das Mengenmodell zugrunde. Das Kind prägt sich die Zahlreihe ein und merkt, dass eine Zahl sich als Einheit darstellt, jedoch aus Einzelelementen besteht. Mit diesem Lernmaterial wird auch der Zahlbegriff der „Null" erworben. Gerade und ungerade Zahlen legt das Kind mit *Ziffern und Chips* (siehe „Hilf mir, es selbst zu tun!" S. 73).

1.4 Einführung in das Dezimalsystem und Grundaufgaben der Addition, Subtraktion, Multiplikation und Division

> „(…) ohne Gegenstände kann sich das Kind nicht konzentrieren."[13]

Wenn das Kind die Mengen im Zahlenraum bis 10 erkennen und zählen kann, erfolgt die Einführung in das Dezimalsystem mit dem *Goldenen Perlenmaterial:* zehn Einerperlen, zehn Zehnerstäbchen, zehn Hunderterquadrate und ein Tausenderkubus (siehe „Hilf mir, es selbst zu tun!" S. 76). Durch das „Begreifen" der unterschiedlichen Formen prägt sich das Kind die Mächtigkeit der Kategorien ein. Gleichzeitig schult das Perlenmaterial die Feinmotorik, bereitet auf die Geometrie vor (Punkt, Linie, Fläche, Körper) und lässt indirekt Zehnerpotenzen erfahren. Zu dem Goldenen Perlenmaterial gehören *Kartensätze* in drei unterschiedlichen Farben mit entsprechenden Zahlsymbolen. Die Goldenen Perlen sind das bekannteste Mathematikmaterial von Maria Montessori.

Neben den oben genannten Lernzielen ermöglicht das Material den Wechsel zu verschiedenen Kategorien durch Umtauschen sowie das handelnde Ausführen aller Grundrechenarten. Die Einsicht in das Wesen von Umkehroperationen ergibt sich von selbst.

Maria Montessori beschreibt dieses Material so: „Inzwischen hatte ich für größere Kinder der Grundschule (…) ein Material vorbereitet, das die Zahlen in geometrischer Form, und zwar mit beweglichen Gegenständen wiedergab, was die Möglichkeit einiger Zahlenkombinationen bot. Es handelte sich um das großartige Material, das die Bezeichnung ‚Perlenmaterial' erhielt. Hier werden die Zahlen in ihrer natürlichen Serie von 1 bis 10 durch Stangen oder Stäbchen wiedergegeben, auf denen farbige Glasperlen aufgereiht sind. Jede Zahl hat eine andere Farbe. Es gab so viele Exemplare davon, dass die Zahlen in Gruppen zusammengesetzt werden konnten. Die 10 wurde zehnmal wiederholt und bildete 10 Reihen in Form eines Quadrates, das mit 100 Perlen das Quadrat von 10 ergab. Schließlich bildeten 10 aufeinander gelegte und miteinander verbundene Quadrate einen Würfel (den Zehnerwürfel, also 1000). (…) Nun ergab es sich, dass einige der etwa Vierjährigen durch diese glänzenden, so leicht zu handhabenden und zu transportierenden Gegenstände angezogen wurden und zu unserem großen Erstaunen begannen, sie so zu benutzen, wie sie dies bei den Größeren gesehen hatten.

Die Folge davon war eine solche Steigerung der Begeisterung für die Beschäftigung mit den Zahlen und ganz speziell mit dem Dezimalsystem, dass die Rechenübungen wirklich zu den beliebtesten gehörten."[14]

Das Markenspiel (siehe „Hilf mir, es selbst zu tun!" S. 79) ersetzt die Goldenen Perlen. Es materialisiert das Dezimalsystem auf einer höheren Abstraktionsstufe.

Kinder arbeiten mit dem Goldenen Perlenmaterial

Nicht mehr die konkrete Menge von Perlen ist vorhanden, jeder Stellenwert wird repräsentiert durch gleich große Plättchen, die sich nur durch den Aufdruck der Zahlen und durch die Farbe unterscheiden. Zusätzlich erlaubt das Markenspiel die Division durch einen mehrstelligen Divisor.

Kinder, die das kleine Einmaleins beherrschen und mit dem Goldenen Perlenmaterial und dem Markenspiel multipliziert haben, können mit dem *Kleinen bzw. dem Großen Rechenrahmen* arbeiten (siehe „Hilf mir, es selbst zu tun!" S. 80) und so im Prozeß der Abstraktion fortschreiten. Bei den Rechenrahmen sind Zehner, Hunderter und Tausender durch einzelne Perlen vertreten, die sich nur in ihrer Farbe unterscheiden. Während der Kleine Rechenrahmen vier Perlenreihen umfasst, kann man mit dem Großen Rechenrahmen bis zu einer Million rechnen.

Das schriftliche Additions- und Subtraktionsverfahren wird vorbereitet, indem das Kind die Stellenwertübergänge intensiv trainiert.

Für das Multiplizieren und Dividieren hat Maria Montessori eine Vielzahl von Materialien entwickelt, die den handelnden Erwerb dieser Strukturen und das Einprägen der Einmaleinssätze ermöglichen. Durch die Arbeit mit dem Material können Kinder Zusammenhänge selbst erkennen: Tausch- und Umkehroperationen, geometrische Darstellung von Multiplikationen, Vergleich geometrischer und dekadischer Darstellung usw.

Durch diese Art der Aneignung ist gewährleistet, dass Einmaleinsreihen nicht nur mechanisch auswendig gelernt, sondern Beziehungen zwischen ihnen erkannt und verstanden werden.

Eine Auflistung und Beschreibung aller dieser Materialien erscheint uns wenig sinnvoll, da sich detaillierte Einblicke in Aufbau und Einsatzmöglichkeiten der Materialien nur durch die Teilnahme an einem Montessori-Diplomkurs erwerben lassen. Dem interessierten Leser, der sich einen schnellen Überblick über alle Lerngegenstände im Mathematikbereich verschaffen will, sei jedoch das Handbuch der Montessori-Vereinigung e. V. Aachen, Teil 3, empfohlen.

Die Abbildung zeigt das Kleine Multiplikationsbrett. Dieses und weitere Arbeitsmittel, die wegen ihrer Einfachheit und Anschaulichkeit leicht selbst zu fertigen sind, stellen wir im Materialteil vor.

Für das Multiplizieren, auch mit mehrstelligen Zahlen, hat Maria Montessori das *Große Multiplikationsbrett* entwickelt. Von der einfachen Zahldarstellung bis hin zum schriftlichen Multiplikationsverfahren enthält dieses Material umfangreiche Erkenntnismöglichkeiten. Die genaue Beschreibung von Einsatz und Handhabung findet sich in unserem ersten Band auf Seite 83.

Kinder arbeiten mit dem Schachbrett

1.5 Geometrie

> „Der ‚konstruierende' Geist kann viel mehr enthalten als der, in den die Kenntnisse künstlich wie in einen Sack gestopft werden; in ihm sind die Gegenstände wie in einem Haus gut voneinander getrennt, harmonisch aufgestellt und nach ihrem Gebrauch unterschieden."[15]

Arbeitsmittel zur Geometrie ordnete Maria Montessori dem Bereich der Sinnesmaterialien zu. Obwohl man heute weiß, wie wichtig die Geometrie für den Aufbau des mathematischen Denkens ist, nimmt sie im Unterricht oft nur eine Randstellung ein. In vielen Schulbüchern auf den letzten Seiten angesiedelt, dienen die wenigen Aufgaben meist nur dazu, das „Sommerloch" zu füllen. In Anlehnung an Vorschläge von Radatz und Rickmeyer aus dem „Handbuch für den Geometrieunterricht" haben wir verschiedene Materialien erstellt, mit denen Kinder erste Erfahrungen zur Symmetrie, zur Flächenberechnung und mit geometrischen Grundfor-

Kleines Multiplikationsbrett

men gewinnen können. In ihrer didaktischen Ausrichtung schließen sie sich lückenlos an das Konzept Maria Montessoris an.

Kinder arbeiten mit den Spannbrettern

1.6 Potenzen, Wurzeln und Rechnen mit gebrochenen Zahlen

> *„Dies ist eine sinnenhafte Vorbereitung des Geistes"*[16]

Die künstliche Bremse, die wir uns durch die jahrgangsbezogenen Lehrpläne auferlegt haben, kennt Maria Montessori nicht. So bietet sie Kindern auch Materialien an, die weit über den Lernstoff eines Grundschülers hinausgehen. Ob es sich um das Bruchrechnen handelt, das Ziehen von Quadratwurzeln oder das Darstellen des pythagoräischen Lehrsatzes, die angebotenen Arbeitsmittel laden ein zum handelnden Erwerb. Im Vordergrund steht bei jüngeren Kindern das konkret-anschauliche Arbeiten. Es führt zum logisch-formalen Denken, wie es später in höheren Jahrgangsstufen verlangt wird. Helene Helming sagt dazu: „Das Kind legt das Material beiseite, wenn die Abstraktion reif ist und es sich im Besitz der geübten Künste fühlt."[17]

Aus unserer Unterrichtspraxis wissen wir, mit welcher Begeisterung Kinder Aufgaben ausführen, die den Älteren zuzuordnen wären. Als Beispiel sei auf die Arbeit mit dem Material zum Bruchrechnen verwiesen.

Maria Montessori beschreibt ihre Erfahrungen so: „Es ist klar, dass diese Sechsjährigen, wenn sie in eine allgemeine Schule kommen, wo sie anfangen 1, 2, 3 zu zählen, fehl am Platz sind, und, dass eine radikale Reform der Grundschule von wesentlicher Bedeutung ist, will man weiterhin an dieser wundervollen Entfaltung der Erziehung festhalten. Doch man sollte nicht nur an die aktive Methode denken, bei der immer die Bewegung der Gegenstände verschiebenden Hand mitwirkt und die Sinne so stark beansprucht werden, sondern auch an die besondere Begabung des kindlichen Geistes für die Mathematik. Denn wenn sie sich vom Material lösen, kommt bei den Kindern sehr leicht der Wunsch auf die Aufgabe niederzuschreiben; sie vollbringen dabei eine abstrakte geistige Arbeit und eignen sich eine Art natürlicher spontaner Neigung zum Kopfrechnen an.

So bemerkte zum Beispiel ein englisches Kind, das in London mit seiner Mutter aus der Straßenbahn stieg: ,Hätten alle gespuckt, wären 34 Pfund Sterling zusammengekommen.' Das Kind hatte ein Plakat bemerkt, auf dem stand, dass, wer spuckte, mit einer Strafe in Höhe einiger Schillinge belegt würde. Es hatte also seine Zeit damit verbracht, im Geiste den Gesamtbetrag auszurechnen und die Schillinge in Pfund umzuwandeln."[18]

Kinder arbeiten mit Brüchen

Kinder rechnen mit Einkaufskörbchen

2. Sprache

> „(...) das Kind lernt die Sprache, in die es hineingeboren wurde, gut."[19]

Neben der Entwicklung des mathematischen Geistes nimmt die Sprache bei Maria Montessori eine zentrale Stellung ein, denn zwischen beiden besteht ein großer Zusammenhang. Die Differenzierung und der Ausbau des Wortschatzes erfolgt im handelnden Umgang mit den gesamten Materialien, sei es in der Mathematik, im Sinnesbereich oder bei den Übungen des täglichen Lebens.

Montessori führte umfangreiche Untersuchungen über die Entwicklung der Sprache beim Kleinkind durch. Ihre Beobachtungen zeigten, dass Kinder vom Beginn ihres Lebens an die Sprache ihrer Umgebung aufnehmen. Die Sprachentwicklung vollzieht sich nach bestimmten Gesetzen, die bei Kindern aller Nationen gleich sind. Mit sechs Monaten übt sich das Kind im Bilden einzelner Silben, mit einem Jahr verbindet es Bedeutungen mit den Lauten und ist in der Lage einzelne Wörter gezielt einzusetzen. Sprachentwicklung ist keine permanente und regelmäßige Entwicklung, sondern erfolgt nach Maria Montessori explosionsartig. Gegen Ende des zweiten Lebensjahres beherrscht das Kind die kompliziertesten Sprachformen und kann Gedanken und Gefühle in Sätzen ausdrücken. Anschließend erfolgt die Ausformung des Satzbaus. In dieser Periode, die bis zum fünften Lebensjahr dauert, vervollkommnen Kinder ihre Sprache. „Das Merkwürdige ist, dass alle Kinder dieser Ordnung folgen, als gäbe es eine geheimnisvolle Schule und alle Kinder der Welt folgten dem gleichen Lehrplan."[20]

Maria Montessori entwickelte umfangreiches Material, um den präzisen Sprachgebrauch zu fördern und den Wortschatz zu bereichern.

Wer diese Arbeitsmittel einsetzt, deckt den gesamten Deutschunterricht ab: Lesen, Schreiben, mündlicher und schriftlicher Sprachgebrauch, Rechtschreiben und Grammatik. Montessoriunterricht ist individueller Unterricht: Für das Erlernen der Kulturtechniken kennt sie keine starre Einteilung nach Alters- oder Jahrgangsstufen. Vielmehr spricht sie von „Sensitivitäten" für den Erwerb bestimmter Fähigkeiten oder Fertigkeiten. Materialien für erstes Lesen und Schreiben werden deswegen bereits im Kinderhaus angeboten.

2.1 Schreiben

> „Die gesamte Schrift wird in ihren Mechanismen vorbereitet."[21]

Maria Montessori sieht das Schreiben als komplexe Handlung. Sie analysierte die verschiedenen zusammenwirkenden Bewegungen und entwickelte Material, um diese Bewegung *isoliert* zu üben, und zwar unabhängig vom eigentlichen Schreibvorgang. „Bei den Bewegungen habe ich zunächst die beiden Hauptgruppen unterschieden: die eine, die mit der Handhabung des Schreibgerätes zu tun hat, und die andere, bei der es sich um das Zeichnen der Form jedes einzelnen Buchstaben handelt."[22]

Diese motorischen Mechanismen, die zur indirekten Vorbereitung des Schreibens dienen, werden durch ständige Wiederholung der gleichen Handlung beim Umgang mit dem Sinnes- und Dimensionsmaterial sowie bei den Übungen des täglichen Lebens trainiert. Anregungen hierzu finden sich im Materialteil.

Diese Tätigkeiten verfolgen neben anderen Zielen, die schon genannt worden sind, stets die Verbesserung

Kind faltet Tücher

der Feinmotorik und die Entwicklung der Auge-Hand-Koordination.

Dies gilt auch für die Arbeit mit den *metallenen Einsatzformen* (siehe „Hilf mir, es selbst zu tun!" S. 53). Die Umrisse der verschiedenen geometrischen Figuren und ihrer Rahmen werden betastet und mit Buntstiften nachgefahren. Beim Schraffieren der so entstandenen Flächen lernt das Kind Begrenzungen einzuhalten und erfährt, welcher Druck beim Ziehen von Linien nötig ist.

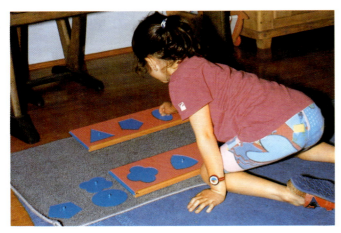

Kind mit Metalleinsätzen

„So vervollkommnen sich meine Kinder im Schreiben, ohne zu schreiben."[23]

Durch das Nachspuren der *Sandpapierbuchstaben* prägt sich deren Form sowohl optisch als auch haptisch in das Muskelgedächtnis ein. Dabei erfolgt die Verknüpfung mit dem phonetischen Laut.

„Das Kind lernt sofort; sein bereits bei der Tastübung geübter Finger wird durch das zarte, feine Sandpapier genau der Linie des Buchstabens entlang geführt. Es kann also *alleine unzählige Male* die zur Nachbildung der Buchstaben erforderlichen Bewegungen *wiederholen* ohne befürchten zu müssen sich zu irren. Dabei zieht es Zeichen in Schönschrift nach, und wenn es abweicht, macht es das Gefühl von *Glätte* sofort auf seinen Fehler aufmerksam."[24]

Das Lernen von Lesen und Schreiben geht Hand in Hand. Wenn das Kind viele Sandpapierbuchstaben kennt, arbeitet es mit dem *beweglichen Alphabet*, einem Kasten, der alle Buchstaben in Schreibschrift enthält. Mit ihm kann es lautgetreue Wörter wie z. B. Hase, Dose, Lego, Oma, Sofa usw. selbstständig „schreiben". Auf diese Erkenntnisse Maria Montessoris stützt sich der Schweizer Psychologe und Grundschullehrer Dr. Jürgen Reichen, dessen Methode „Lesen durch Schreiben" auch in Deutschland immer mehr Anhänger findet.

Beherrschen Kinder alle zum Schreiben erforderlichen Bewegungen, können sie spontan Wörter notieren. Dieser Fortschritt wird mit weiteren Materialien gelenkt: Zur Verfügung stehen *Tafel und Papier ohne bzw. mit Lineaturen*.

2.2 Lesen

„Ich nenne Lesen die Interpretation eines Gedankens mithilfe von Schriftzeichen."[25]

Maria Montessori fordert die Abschaffung der Fibel. Bei ihr beginnt der individuelle Leselernprozess durch das Zuordnen von *Gegenständen und Wortkarten,* die zunächst von der Lehrerin im Beisein des Kindes beschriftet werden. Das Material besteht aus lautgetreuen Wörtern mit steigendem Schwierigkeitsgrad. Nach und nach wird das Leseangebot erweitert, indem es sich auf alle vorhandenen Gegenstände in der Umgebung ausdehnt. Im Anschluss an das Lesen von Wörtern entschlüsseln die Kinder den Sinn von Sätzen: Sie lesen kurze Aufträge und führen sie aus, ordnen Sätze Bildern zu, lösen Rätsel, lesen Kinderreime, Abzählverse und Zungenbrecher. Fortgeschrittene Leser beschäftigen sich mit kurzen Texten, z. B. mit selbst gefertigten Büchlein, Gedichten, Märchen und Fabeln. Die Lesefähigkeit ist aufgebaut, das Interesse geweckt. Wer Lust hat, kann nun selbstständig nach Sach- und Kinderbüchern für das erste Lesealter greifen.

Kinder lesen gemeinsam

Diese Art des Lesenlernens wird der Individualität der Kinder, ihren unterschiedlichen Erfahrungen und Fertigkeiten gerecht. Diejenigen Kolleginnen und Kollegen, die bereits Erfahrungen mit „Lesenlernen ohne Fibeln" gesammelt haben, werden übereinstimmen, dass diese Methode das beste Mittel ist Lesefreude zu wecken, den Spaß am Schmökern zu erhalten und den Kindern so den Zugang zur Welt der Literatur zu öffnen.

2.3 Sprachlehre

„Die Sprache muss materialisiert und gefestigt werden."[26]

Sowie das Kind etwas lesen kann, wird es handelnd mit grammatikalischen Strukturen vertraut gemacht. Maria

Montessori hat einen Weg gefunden, wie Kinder spielerisch und lebendig an die Analyse von Sprache herangeführt werden können, sodass sie allmählich bewusster und sicherer über sie verfügen.

Arbeit am Wort

Beim Spiel mit dem *Bauernhof* erfahren Kinder konkret die Funktion der einzelnen Wortarten. Noch bevor die grammatikalischen Bezeichnungen genannt werden, sind Kinder in der Lage die verschiedenen Wortarten zu unterscheiden. Jeder Wortart wird ein bestimmtes Symbol zugeordnet. Zur Verdeutlichung sei ein Beispiel genannt: Aufgebaut ist ein kleiner Bauernhof mit Stall, Scheune, Brunnen, Hundehütte, Bäuerin, Bauer, Mägden, Knechten und vielen Tieren und Pflanzen.
Der Lehrer fragt das Kind nach den Namen von Menschen, Tieren, Pflanzen und Dingen. Nacheinander schreibt er alle Bezeichnungen auf Wortkärtchen. Das Kind sucht die passende Spielfigur und stellt sie neben die Namenskarte. Anfangs fügt der Lehrer das entsprechende Symbol hinzu, bald jedoch ist das Kind allein in der Lage Wortkarte und Symbol zu verbinden. Auch beim Abschreiben kurzer Sätze erkennt das Kind die entsprechende Wortart. Das Symbol wird über das Wort gemalt oder aufgeklebt. So wird nach und nach die Aufmerksamkeit auf jede einzelne Wortart gelenkt. Die Arbeit mit den Wortsymbolen macht den Kindern großen Spaß.
Texte, die mit Wortsymbolen gestaltet sind, wirken wie ein Bild, an dem man sich erfreuen kann.
Die Namen der Wortarten werden mit *Auftrags-* oder *Sprachkästen* eingeführt. Lautet der Auftrag z. B.: *Gehe vorwärts zur Wand. Gehe rückwärts zur Wand,* so führt das Kind zunächst den Auftrag aus. Seine Aufmerksamkeit ist auf die Wörter „vorwärts" und „rückwärts" gelenkt.
Zu jeder Auftragskarte gehören farbige Wortkärtchen, auf denen das zu bestimmende Wort einzeln geschrieben ist. In unserem Falle hat der Schüler die rosa Karten mit der Aufschrift „vorwärts" und „rückwärts".
Die Farbe rosa findet er auch bei der Arbeit mit den *Sprachkästen* wieder. Ebenfalls werden Aufträge gegeben und ausgeführt. Die rosa Wortkärtchen müssen nun in die Fächer eines Sprachkastens eingeordnet werden. Am entsprechenden Fach liest der Schüler die Bezeichnung der Wortart „Adverb".
Da die Arbeit mit den Sprachkästen äußerst komplex ist, kann eine detaillierte Beschreibung an dieser Stelle nicht erfolgen. Herauszuheben ist jedoch, dass die Art der Sprachbetrachtung immer mit einer Handlung verknüpft ist.

Arbeit am Satz

Der Einblick in die Aufgabe und den Bau von Sätzen verlangt eine weitere Steigerung in der Abstraktion. Im Mittelpunkt jeder Satzanalyse steht das Verb in seiner Eigenschaft als Prädikat. Um seine Bedeutung als Satzkern herauszuheben, wird es mit einer großen roten Scheibe aus Holz oder Karton gekennzeichnet. Bei dem Spiel *Jagen nach dem Prädikat* finden die Kinder vorbereitete Streifen mit Sätzen aus der Literatur, die einfach dargestellt werden können (siehe „Hilf mir, es selbst zu tun!" S. 66). Liest das Kind z. B. „Momo schüttelt den Kopf", führt es zuerst die Handlung aus und legt dann den roten Kreis über das Zeitwort.
Ein bei den Schülern sehr beliebtes Arbeitsmittel ist die *Sterntabelle*.

Dicker weißer Nebel liegt morgens im Tal. Im Laufe des Vormittags treibt der Wind die Nebelschwaden auseinander. Die Sonne löst sie auf und die Sicht auf die Wälder an den Berghängen wird frei. Jetzt fällt uns die Buntheit der Bäume und Sträucher auf. Ihre Blätter sind nicht mehr grün, sondern leuchten in gelben, roten und braunen Farben.

Text mit Symbolen
aus: Der Wald im Herbst, von Barbara Froehlich, in: Auer Lesebuch, 4. Jahrgangsstufe

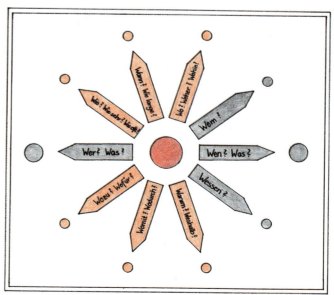

Sterntabelle

Zwei Kinder arbeiten zusammen. Miteinander bauen sie einen Satz auf, der Stück für Stück auf den entsprechenden Kreisen der Tabelle ausgelegt wird. Dabei erfahren sie, dass Satzglieder aus mehreren Wörtern bestehen können.

Nun folgt die Analyse von Sätzen. Beschriftete *Pfeile und Kreise* sind lose vorhanden. Gearbeitet wird wieder mit Sätzen aus der Kinderliteratur. Das Kind liest einen Satz, sucht zuerst nach dem Prädikat und fragt im Anschluss daran nach Objekten, Attributen und adverbialen Bestimmungen. Das jeweils gesuchte Satzteil wird abgeschnitten und mit den passenden Pfeilen und Kreisen in Verbindung gebracht. Ein Beispiel hierfür findet sich im Materialteil auf Seite 45. Ausgehend von einfach gebauten Sätzen (Pumuckl ärgert Meister Eder) steigert sich der Schwierigkeitsgrad bis hin zu komplexen Satzgefügen (Wütend warf Pumuckl, der Kobold, in der Werkstatt den Nagelkasten auf den Boden.).

Kinder arbeiten mit Materialien zur Sprachbetrachtung

3. Kosmische Erziehung

„Immer nur, wenn das Interesse geweckt ist, kann sich die Kultur wirklich entwickeln."[27]

Den Begriff „Kosmische Erziehung" nennt Maria Montessori erstmals 1935. In London hält sie einen Vortrag, bei dem sie ihr Konzept zur kosmischen Erziehung erläutert und dessen Umsetzung in die Praxis beschreibt. Nach Oswald handelt es sich um keinen systematischen Gesamtplan, sondern um eine Fülle von Anregungen, die bezeichnet werden als „globale Schau". Unser heutiges Bemühen um ein ganzheitliches Erziehungskonzept entspricht dieser Sichtweise. In dem Fach Sachkunde streben wir das Lernen mit allen Sinnen an, Selbsttätigkeit beim Lernen und Erleben von Gemeinschaft. Immer geht es um die Fragen:

- Wie steht das Kind zu anderen Menschen?
- Wie steht das Kind zur Natur?
- Lernt es Verantwortung für die Natur zu tragen?

Auch bei Maria Montessori stehen Zusammenhang und wechselseitige Abhängigkeit von Mensch und Umwelt im Mittelpunkt. Sie verlangt Erziehung zu Ganzheitlichkeit, zu Sachlichkeit und zu Verantwortung.
Maria Montessori betrachtet das Universum als allumfassendes Ganzes, das Bewunderung, Staunen und Ehrfurcht hervorruft. Alle Dinge sind miteinander verbunden, haben ihren Platz im Weltall und sind aufeinander bezogen. In diesem Sinne sind sie in den Schöpfungsplan integriert. Es herrscht Ausgewogenheit und Harmonie. Alle Dinge haben eine kosmische Aufgabe: Belebte und unbelebte Natur. Das Kosmische erfasst bei Montessori auch das Nicht-Lebendige: Geologische Schichtung und Faltung, die Beziehung zwischen Wasser und Land und den Himmelskörpern. Kinder im Grundschulalter begnügen sich nach Ansicht Maria Montessoris nicht nur damit, die Tatsachen zu sammeln, sie fragen nach Ursachen und Bedeutungen. „Daher ist es unser Ziel, das Kind nicht nur zum bloßen Verstehen zu führen, und noch weniger, es zum Auswendiglernen zu zwingen, sondern seine Fantasie anzustoßen, dass es sich zutiefst begeistert."[28]
In unserem Lehrplan gehen wir von den kleineren, überschaubaren Strukturen zu den nächstgrößeren. So sind Erlebnis- und Erfahrungsmöglichkeiten in der unmittelbaren Umgebung unserer Kinder der Ausgangspunkt. Während wir zum Beispiel im Geographieunterricht im Klassenzimmer beginnen, danach das Schulgelände erkunden, anschließend den Wohnort näher betrachten und uns erst dann mit dem Landkreis vertraut machen, zeigt Maria Montessori den Kindern zuerst den Globus. Sie gibt ihnen die ganze Welt auf einmal, aber in anschaulichen Bildern.
„Auf diesem Planeten ist alles eng miteinander verbun-

Kind und Globus

den. Und wir stellen fest, dass jede Wissenschaft nur die Einzelheiten eines umfassenden Wissens erforscht. Vom Leben des Menschen auf der Oberfläche des Globus zu sprechen bedeutet schon ‚Geschichte' treiben. Jedes Detail ist deshalb von Interesse, weil es eng mit anderen Details verbunden ist. Wir können das Ganze mit einem Tuch vergleichen, in dem jedes Detail eine Stickerei darstellt, während sich das Ganze zu einem wunderbaren Gewebe zusammenfügt."[29]
Das heißt, sie fängt an mit dem Ganzen, geht nun zum Detail und bezieht sich dann vom Detail wieder auf das Ganze. Ihren Weg begründet sie mit folgenden Worten: „Einzelheiten isoliert vermitteln, bedeutet Verwirrung stiften. Die Beziehungen zwischen den Dingen herstellen, bedeutet Erkenntnisse vermitteln."[30]
Eine Einteilung der Sachgebiete nach einzelnen Fächern kennt Maria Montessori nicht. Alle Fächer bilden eine Einheit. Die Kinder werden in einer fachübergreifenden Weise zu wissenschaftlichem Arbeiten geführt. Kosmische Erziehung basiert auf aufmerksamer Beobachtung. Dies genügt aber nicht. Hinzu kommt die kindliche Phantasie, um aus den exemplarischen Beispielen klare Erkenntnisse zu gewinnen. Kinder begreifen dann den Zusammenhang der Naturphänomene. In der Praxis der Montessori-Pädagogik steht die originale Begegnung im Mittelpunkt. Maria Montessori belegt das an vielen Beispielen: „Wenn das Kind wandert, bietet sich ihm die Welt selbst dar. Veranlassen wir das Kind zu wandern, zeigen wir ihm die Dinge in ihrer Wirklichkeit, anstatt Gegenstände anzufertigen, die Begriffe darstellen, und sie in einen Schrank einzuschließen."[31] „Keine Beschreibung, kein Bild, kein Buch kann das wirkliche Sehen der Bäume mit dem ganzen Leben, das sich um sie herum in einem Wald abspielt, ersetzen. Die Bäume strömen etwas aus, was zur Seele spricht, etwas, was kein Buch und kein Museum vermitteln könnten. Der Wald, den man sieht, offenbart,

Walderfahrungsspiele

Versuchskiste „Wasser"

dass es darin nicht nur Bäume gibt, sondern eine Gesamtheit von Lebewesen."[32]

Manchmal ist es möglich, die Natur in das Klassenzimmer zu holen.

Langzeitbeobachtungen lassen sich durchführen, es gibt Gelegenheiten, sich um Pflanzen und Tiere zu kümmern, um deren Pflege Sorge zu tragen und so Verantwortung zu übernehmen. Für Naturphänomene, die in der Wirklichkeit nur selten beobachtet werden können, bietet Maria Montessori Schülerexperimente an. Beispiele für Versuche im Rahmen der Freiarbeit finden sich in unserem Materialteil.

Da auch die Sprache in der kosmischen Erziehung wie in allen anderen Bereichen des Unterrichts nach Maria Montessori eine zentrale Bedeutung hat, fordert sie die lebendige, spannende Lehrererzählung. Ihr Sohn Mario Montessori erinnert sich, wie sie einmal Kartoffeln schälte „und diese dabei tiefgründig anblickte, als ob sie ihr etwas Wichtiges zu erkennen geben könnten. Sie fuhr in ihrer Beschäftigung fort und überlegte dabei laut, wie der Mensch wohl ursprünglich den Wert der Kartoffelpflanze entdeckt haben mochte, die äußerlich doch nur ein Kraut mit unbedeutenden kleinen Blüten und ekligen Früchten ist. Was bewog ihn wohl zu weiterer Prüfung? Aufgrund welcher List des Zufalls entdeckte er, dass ihre Brauchbarkeit für seine eigenen Zwecke nicht in dem Teil der Pflanze lag, der über der Erdoberfläche in Erscheinung trat, sondern in der unter der Erde verborgenen Wurzel? Wie mochte er gelernt haben, dass dieser Teil nicht giftig, sondern essbar war?

Kartoffelpflanzen kamen allem Anschein nach aus der Neuen Welt. Wie mochten sie überall in Westeuropa eingeführt, übernommen und angebaut worden sein? Die Art und Weise, wie sie über solche Dinge wie Kartoffeln sprechen konnte, führte einen sofort auf eine höhere Ebene des Denkens und zu einer neuen Sicht der Realität, während man zugleich doch dem menschlichen Leben verhaftet blieb."[33]

„Ein einfacher Anlass konnte sie bewegen einen panoramaartigen Überblick über die Entwicklung des Menschen bis zur Gegenwart zu entwerfen, wobei sie das Vorstellungsvermögen ihrer Zuhörer unwiderstehlich stimulierte."[34]

II.
Materialien
für die Praxis

„Allein, ohne Hilfe anderer handeln zu können, das ist Unabhängigkeit." [35]

Einführung in den Materialteil

Im Folgenden stellen wir eine Fülle von Materialien vor, die nach Fächern und Lerninhalten geordnet sind. Die Auswahl der Arbeitsmittel richtet sich vorwiegend nach den Lehrplänen der Grundschule. Damit der interessierte Leser einen raschen Überblick gewinnt, benennt die Gliederung (S. 24f.) jeden vorgestellten Lerngegenstand. Die Arbeit mit dem Praxisteil soll durch eine einheitliche Struktur der Materialbeschreibungen erleichtert werden: In der Kopfzeile befindet sich der Hinweis auf das jeweilige Fach und den Lernbereich. Name oder Thematik ist der farbigen Abbildung vorangestellt. Es folgt die pädagogische Zielsetzung. Im Anschluss daran haben wir in knapper Form die Herstellung, den Einsatz, mögliche Variationen sowie die Art der Kontrolle erläutert. Ergänzende Informationen, Literaturempfehlungen oder nützliche Ratschläge finden sich als „Tipps" auf manchen Seiten.

Neben einigen wenigen Originalmaterialien Montessoris enthält der Praxisteil einzelne Lerngegenstände, die in enger Anlehnung an das Originalmaterial hergestellt wurden. Der Großteil der Sammlung entstammt unserer täglichen Unterrichtsarbeit.

Alle vorgestellten Gegenstände entsprechen den didaktischen Kriterien, die Maria Montessori für ihr Material in Anspruch nahm: Ästhetik, Begrenzung auf ein Lernziel, Selbsttätigkeit und Selbstkontrolle. Der Zeitaufwand für die Anfertigung der Arbeitsmittel ist recht unterschiedlich. Langjährige Erfahrungen zeigen auch, dass sich in jeder Klasse engagierte Eltern befinden, die gerne bereit sind, tatkräftig bei der Erstellung mitzuwirken. Wurden Materialien aus Karton oder Pappe zusätzlich mit Folie überzogen, erhöht sich die Herstellungsdauer natürlich. Trotzdem lohnt sich das Folieren; bleibt doch dadurch das schöne Material lange haltbar und ansehnlich. Führen mehrere Kollegen einer Schule Freiarbeit durch, lässt sich eventuell die Anschaffung einer Kaschiermaschine rechtfertigen.

Beschreibung einzelner Arbeitsmittel

Stöpselkasten

Der Stöpselkasten ist ein vielseitig einsetzbares Arbeitsmittel für alle Lernbereiche. Er besteht aus einem kleinen rechteckigen Holzboden, drei Seitenleisten, einer schmalen, mit Löchern versehenen Abdeckplatte und einem Stöpsel. Gelochte Karteikarten enthalten die Arbeitsaufträge.

Im Multiple-Choice-Verfahren entscheidet sich der Schüler für eine Lösung und steckt seinen Stöpsel in das entsprechende Loch. Bei richtiger Antwort lässt sich die Karte entnehmen, da sie an der Stelle des Lösungswortes eine Einkerbung aufweist. Fertige Lochkästen mit den passenden Karteikarten gibt es im Handel, eine Anleitung für den Selbstbau befindet sich im Anhang des Vorgängerbandes „Hilf mir, es selbst zu tun!" In Geschäften für Bürobedarf gibt es Locher mit vier bzw. sechs Locheisen, so lassen sich die Karten auch selbst lochen.

Klammerspaß

„Klammerspaß" haben wir alle Arbeitskarten genannt, bei denen mehrere Lösungen zur Auswahl stehen, für die sich der Schüler durch das Setzen farbiger Klammern entscheiden kann. Ob er die Aufgabe richtig gelöst hat, kann er durch das Wenden der Karte auf einen Blick erkennen, denn farbige Markierungen auf der Rückseite der Karte müssen mit der Farbe der Klammer übereinstimmen. Dieses Arbeitsmittel eignet sich besonders für die Bereiche Sprachlehre und Erstlesen wie auch für den Sachunterricht.

Lochkarten

Lochkarten sind ein vielseitig einsetzbares Arbeitsmittel. Fertige Karten gibt es bei verschiedenen Verlagen. Lochkarten lassen sich mit geringem Zeit- und Geldaufwand auch gut selbst herstellen.

Die Lochkarten bestehen aus Karton, weiterhin benötigt man eine Setzleiste und passende Stöpsel in verschiedenen Farben, die in jedem Spielwarengeschäft erhältlich sind. Die Löcher lassen sich mit einem Locheisen oder mit einer Ahle zum Öffnen von Büchsenmilch setzen. Zum Markieren der Löcher auf der Rückseite der Karten verwendet man farbige Ringverstärker oder einen wasserfesten Stift.

Im Anhang auf S. 111 finden Sie ein Beispiel für die Lochkarte „Gegensätze finden". In einer Zeile steht jeweils ein Adjektiv, daneben werden zwei Alternativen, unter die jeweils ein Loch gestanzt wird, als mögliche Gegensätze angeboten. Der Schüler entscheidet sich für ein Wort und setzt einen Stöpsel in das entsprechende Loch. Hat der Schüler die ganze Karte „gestöpselt", wird die Setzleiste gewendet. (Dreht das Kind nur die Karte um, kann es passieren, dass die Stöpsel herausfallen.) Auf einen Blick lässt sich die Fehlerkontrolle durchführen.

Lotto

Im Anhang (S. 109) findet sich die Kopiervorlage für das Lotto-Spiel „Zusammengesetzte Namenwörter". Es kann in Einzel- oder Partnerarbeit durchgeführt werden. Das Lotto besteht aus einer Grundplatte mit Rastereinteilung (hier: Bestimmungswörter) und einzelnen Kärtchen (hier: bildhafte Darstellung von Grundwörtern), die auf die Grundplatte gelegt werden sollen. Sind die Kärtchen auf der Rückseite mit Teilen eines Bildes beklebt, werden sie so aufgelegt, dass richtig zugeordnete Lösungen ein ganzes Bild ergeben. So ist die Kontrolle in Form eines Puzzles gewährleistet. Als Beispiel dafür mag unser „Zeitstufenpuzzle" dienen. Zwei Kopiervorlagen hierfür entnehmen Sie dem Anhang (S. 112f.).

Domino

Ein Domino besteht aus einzelnen Kärtchen, die aneinander gelegt werden müssen. Jedes Kärtchen enthält die Lösung des vorangegangenen Auftrages sowie eine neue Aufgabe. Die Kontrolle erfolgt durch Markierungen auf der Vorder- oder Rückseite der Karten. Anfangs- und Endkärtchen werden mit „Start" und „Ziel" gekennzeichnet.

Dominos lassen sich in Einzel-, Partner- oder Gruppenarbeit lösen. Als Beispiel mag unser Domino „Römische Zahlen" dienen (Kopiervorlage im Anhang S. 118).

Inhalt des Materialteils

Deutsch – Erstlesen 26

Mundstellungen 26
ABC-Kiste 26
Buchstabenschachtel 27
Anlaute 27
Magnettafel: Erste Wörter 28
Osterkiste 28
Lochkasten: Berufe 29
Lochkasten: Tiere aus dem Zoo 29
Ich lebe in Wald und Flur 30

Deutsch – Weiterführendes Lesen 31

Der glückliche Bär 31
Kartenspiel: Unsinnssätze 31
Knotenkartei 32
Wer sagt was? 32
Wie heißt das noch? 33
Märchenexperte 33
Das möchte ich lesen 34
Lesekönig 34

Deutsch – Erstschreiben 35

Knöpfe annähen 35
Falten 35
Schreiben macht Spaß 36

Deutsch – Weiterführendes Schreiben 37

Mein Gedichtheft 37

Deutsch – Rechtschreiben 38

Würfeldiktat 38
Magnettafel: Wortarten 38
Fremde Wörter 39
Lehnwörter 39
Mitlautverdopplung 40

Deutsch – Schriftlicher Sprachgebrauch 41

Und-dann-Folgegeschichten 41
Schuhe putzen (Vorgangsbeschreibung) 41
Kalenderblätter (Bildbeschreibung) 42
Manchmal wär ich gern ein Tiger 42

Deutsch – Sprachbetrachtung 43

Zusammengesetzte Namenwörter (Lotto) 43
Sammelnamen 43
Gegensätze finden (Stöpsel) 44

Das logische Adjektivspiel 44
Sätze bauen 45
Arbeit mit Pfeilen und Kreisen 45
Klammerspaß: Welcher Fall ist das? 46
In der Schule 46
Zeitstufenpuzzle 47
Zeitstufen würfeln 47
Körpersprache 48

Mathematik – Pränumerischer Bereich 49

Gießen und Schütten 49
Perlen auffädeln 49
Muster legen 50
Plättchen würfeln 50
Magnettafel: Geometrische Formen 51

Mathematik – Zahlenraum bis 10 52

Krabbelsack 52
Geburtstagsfest 52
Käfer, wo bist du? 53
Spindelkasten 53
Farbige Treppe 54
Blumenwiese 54
Sternenhimmel 55
Perlen–Rechenschnüre 55
Kegelspiel 56

Mathematik – Zahlenraum bis 20 57

Streifenbrett zur Addition 57
Hausbesetzung 57
Rechensortiment 58

Mathematik – Zahlenraum bis 100 59

Seguin-Tafel II 59
Hunderterbrett 59
Poker 60
Zwanziger-Würfel 60
Schlangenspiel zur Addition 61

Mathematik – Zahlenraum bis 1000 62

Muggelsteine würfeln und tauschen 62
Briefmarkenkartei 62

Mathematik – Zahlenraum bis zur Million ... 63

Die Hierarchie der Zahlen 63
Lehrgang: Römische Zahlen 63
Domino: Römische Zahlen 64

Mathematik – Geometrie 65

Geometrische Körper 65
Konstruktive Dreiecke 66
Tangram 66
Spannbretter 67
Symmetrische Figuren 67

Mathematik – Multiplikation 68

Kleines Multiplikationsbrett 68
1x1-Ketten 69
Quadratketten 69
Multiplikationskreis 70
1x1-Kartenspiel 70

Mathematik – Rechnen mit Größen 71

Wir kaufen ein 71
Möbelkauf 71
Sachrechenkartei 72
Fremde Währungen 72
Lotto: Maßeinheiten 73

Sachkunde – Kind und Gesundheit 74

Riechsäckchen 74
Tastbrettchen 74
Augenkiste 75
Zahnpflege 75

Sachkunde – Kind und Natur 76

Lochkasten: Pilze 76
Wiesenblumen 76
Laubbäume 77
Teile der Kirschblüte 77
Einheimische Amphibien 78
Verschiedene Thermometer 78
Versuchskiste „Wasser" 79
Schwimmen und Sinken 79
Leiter und Nichtleiter 80
Abfalltrennung 80
Versuchskiste „Magnetkraft" 81

Sachkunde – Kind und Zeit 82

Geburtstagskette 82
Verschiedene Uhren 82
Kalenderpuzzle 83
Spielzeug früher 84
Verschiedene Schreibgeräte 84

Sachkunde – Kind und Verkehr 85

Verkehrszeichen-Memory 85
Beschreibungsrätsel: Verkehrszeichen 85

Sachkunde – Kind und Gemeinschaft 86

Ausrüstung und Aufgaben der Feuerwehr 86

Sachkunde – Kind und Heimat 87

Kennst du deine Heimat? 87
Bayernrätsel 87
Regierungsbezirke in Bayern 88
Wappen der Bundesländer 88

Sachkunde – Kind und Europa 89

Urlaubskisten 89
Hauptstädte und berühmte Bauwerke 89

Sachkunde – Kind und Welt 90

So leben Kinder anderswo 90
Edle Steine aus aller Welt 90
Muscheln und Schnecken 91

Sachkunde – Kind und Kosmos 92

Sternbilder 92

Musischer Bereich: Musik 93

Kartenspiel: 4/4-Takt 93
Lochkasten: Instrumente 93
Komponisten und ihre Werke 94

Deutsch — Erstlesen

Mundstellungen

Pädagogische Zielsetzung
- Trainieren der auditiven und visuellen Wahrnehmung

Material und Anwendung

Herstellung / Beschaffung
- Poster „Mundstellungen" (Schroedel-Verlag)
- Poster zerschneiden, einzelne Bilder auf Karten kleben
- Taschenspiegel
- Bildkarten mit den Bildern von Wörtern aus dem Grundwortschatz der 1. Klasse

Einsatz und Handhabung
- Auswählen einer Bildkarte
- Sprechen des Wortes
- Kontrollieren der Mundstellung mit Hilfe des Spiegels
- Vergleich mit den Mundstellungskarten
- Zuordnen der Mundstellungskarte

Variation
- entfällt

Kontrolle
- Nummerierung auf den Mundstellungs- und den Bildkarten

☞ **Tipp**
Kopiervorlage für die Bildkarten im Anhang (S. 97)

Abc-Kiste

Pädagogische Zielsetzung
- Heraushören des Anlautes
- Identifizieren des Anfangsbuchstabens

Material und Anwendung

Herstellung / Beschaffung
- Setzkasten mit den Buchstaben des Alphabets
- kleine Gegenstände

Einsatz und Handhabung
- Einordnen der Gegenstände nach ihrem Anlaut

Variation
- Einordnen weiterer Gegenstände, die die Schüler mitbringen

Kontrolle
- entfällt

Deutsch   Erstlesen

Buchstabenschachteln

Pädagogische Zielsetzung

- Zuordnen von Lauten und Gegenständen
- Heraushören des Lautes an Anfang, Mitte und Ende eines Wortes

Material und Anwendung

Herstellung / Beschaffung

- Schachteln in Buchstabenform (Schreibwarengeschäft)
- Sammlung von Gegenständen aus der Spielzeugkiste: für jede Schachtel drei Gegenstände, die den gesuchten Laut am Anfang, in der Mitte und am Wortende haben

Einsatz und Handhabung

- Aufstellen der Schachteln
- Gegenstand aus der Spielzeugkiste entnehmen
- Wort laut vorsprechen
- in die entsprechende Schachtel legen

Variation

- Partnerspiel: Wer den dritten Gegenstand in eine Schachtel legt, stellt sie zu sich. Wer hat die meisten Schachteln?

Kontrolle

- entfällt

☞ **Tipp**

Statt der Buchstabenschachteln Kinderschuhkartons verwenden und den entsprechenden Buchstaben aufkleben.
Schuhschachteln geben die Fabriken kostenlos ab.

Anlaute

Pädagogische Zielsetzung

- Zuordnen von Bild, Anlaut und Wortbild

Material und Anwendung

Herstellung / Beschaffung

- ausgeschnittene Figuren (Schablone: „Blinde Kuh"-Spiel, Ravensburger Verlag)
- Figur aufmalen, mit Anlaut beschriften
- Wortkarten

Einsatz und Handhabung

- Bild, Anlautkarte und Wortbildkarte zuordnen

Variation

- Bild abmalen, Wort dazuschreiben

Kontrolle

- farbige Markierung auf der Rückseite

| Deutsch | Erstlesen |

Magnettafel: Erste Wörter

Pädagogische Zielsetzung

– Aufbauen und Zusammenlesen einfacher Wörter aus dem Grundwortschatz

Material und Anwendung

Herstellung / Beschaffung

– Figuren aus dem „Blinde-Kuh"-Spiel (Ravensburger Verlag), beklebt mit Magnetpunkten
– Magnettafel
– Magnetbuchstaben
– Wortkärtchen

Einsatz und Handhabung

– Auswählen einer Figur
– Legen des Wortes mit Magnetbuchstaben

Variation

– Partnerarbeit: Ein Kind setzt das Wort, der Partner sucht das Bild

Kontrolle

– Vergleich mit der Wortkarte

☞ **Tipp**

Magnetpunkte zum Kleben gibt es preiswert in Holzspielwarenläden.

Osterkiste

Pädagogische Zielsetzung

– selbstständiges Erlesen längerer Wörter

Material und Anwendung

Herstellung / Beschaffung

– Gegenstände, die typisch sind für das Osterfest
– Wortkärtchen in Druck- und Schreibschrift

Einsatz und Handhabung

– Zuordnen von Gegenstand und Wortkarten
– Abschreiben der Wörter in Druck- und Schreibschrift ins Heft

Variation

– Anlegen eines Osterheftes:
  Malen der Gegenstände, Schreiben der Namen, Erfinden kurzer Texte (Sätze)
  Beispiel: Ich schicke meiner Oma eine Osterkarte.

Kontrolle

– entfällt

Deutsch — Erstlesen

Lochkasten: Berufe

Pädagogische Zielsetzung
– selbstständiges Erlesen neuer Wörter

Material und Anwendung

Herstellung / Beschaffung
– Abbildungen von Berufen
– Lochkasten
– Lochkarten, das Loch beim richtigen Beruf ausschneiden
– Stöpsel

Einsatz und Handhabung
– betrachten, erlesen
– Stöpsel setzen
– Karte ziehen

Variation
– Partnerarbeiten: Wer zieht die meisten Karten?

Kontrolle
– Nur bei richtiger Antwort lässt sich die Karte herausziehen

☞ Tipp
Bauanleitung für den Lochkasten in „Hilf mir, es selbst zu tun!" S. 120.

Lochkasten: Tiere aus dem Zoo

Pädagogische Zielsetzung
– Unterscheiden von grafischen Symbolen
– Vergleichen von Lautzeichen

Material und Anwendung

Herstellung / Beschaffung
– Abbildungen von Tieren aus dem Zoo
– Lochkasten
– Lochkarten, beschriftet mit dem Wort des Tieres und mit einigen „Unsinnswörtern", bei denen sich die Buchstaben ähneln; Beispiel: Teiger, Tiger, Figer, Tieger, Triger
– das Loch beim richtigen Wort ausschneiden
– Stöpsel setzen

Einsatz und Handhabung
– Betrachten des Bildes
– lautierendes Erlesen der Wörter
– Setzen des Stöpsels
– Ziehen der Karte

Variation
– Partnerarbeit: Wer zieht die meisten Karten?
– Anlegen eines „Zoo-Heftchens": Bilder malen und Wörter schreiben

Kontrolle
– Nur bei richtigem Erlesen lässt sich die Karte herausziehen.

☞ Tipp
Um das Auftreten einer Lernhemmung zu vermeiden, empfiehlt sich dieses Arbeitsmittel nur den Schülern anzubieten, die schon sicher synthetisieren können.

Deutsch | Erstlesen

Ich lebe in Wald und Flur

Pädagogische Zielsetzung
- sinnerfassendes Lesen
- selbstständige Informationsentnahme aus einfachen Texten

Material und Anwendung

Herstellung / Beschaffung
- Bilder aus Kinderzeitschriften und alten Schulbüchern
- kleine Texte in Rätselform

Einsatz und Handhabung
- Lesen des Rätsels
- Zuordnen des passenden Bildes

Variation
- Erweitern des Materials durch die Schüler

Kontrolle
- farbige Markierung auf der Rückseite

☛ Tipp
Kopiervorlage im Anhang (S. 98)

Deutsch   Weiterführendes Lesen

Der glückliche Bär

Kartenspiel: Unsinnssätze

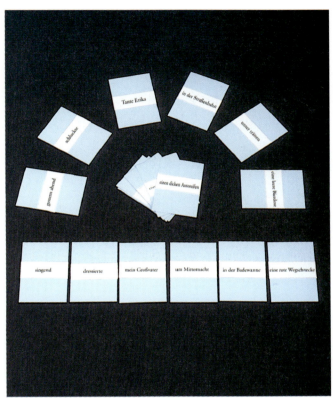

Pädagogische Zielsetzung

- einfache Texte selbstständig erlesen
- Informationen aus Texten entnehmen

Material und Anwendung

Herstellung / Beschaffung

- Zwei Exemplare des Bilderbuches „Der glückliche Bär" von Erwin Moser
- Bücher auseinander nehmen
- Text- und Bildseite auf Karton kleben
- Anleitungskarte

Einsatz und Handhabung

- Text lesen
- passendes Bild zuordnen
- Kontrollieren

Variation

- Texte abschreiben

Kontrolle

- farbige Markierungen auf der Rückseite der Karten

☛ Tipp

Im Verlag Beltz und Gelberg sind einige weitere Bändchen erschienen, die sich für eine ähnliche Aufbereitung eignen.

Pädagogische Zielsetzung

- Lesen kurzer Sätze

Material und Anwendung

Herstellung / Beschaffung

- Blankokarten mit Satzteilen beschriften

Einsatz und Handhabung

- zwei oder mehr Mitspieler
- Mischen und Austeilen der Karten
- reihum Karten ziehen
- ganze Sätze vorlesen und ablegen

Variation

- Ergänzen der Karten durch die Schüler

Kontrolle

- durch die Mitspieler

☛ Tipp

Vor dem Spiel soll geklärt sein, wie viele Teile ein kompletter Satz umfassen muss (z. B.: Onkel Fritz / sitzt / am Morgen / singend / in der Badewanne).

Deutsch — Weiterführendes Lesen

Knotenkartei

Pädagogische Zielsetzung

- aus kurzen Texten Handlungsanweisungen entnehmen und ausführen
- Förderung der Feinmotorik

Material und Anwendung

Herstellung / Beschaffung

- verschiedene Schnüre in zwei Farben
- ein Rundholz
- ein Metallring
- Abbildungen von Knoten aus der Schifffahrtskunde
- Anleitungen zum Schlagen der Knoten
- Texte über die Verwendung des jeweiligen Knotens

Einsatz und Handhabung

- Lesen der Handlungsanweisung
- Knüpfen des Knotens
- Lesen des Verwendungszweckes

Variation

- auswendiges Schlagen der Knoten
- Anlegen eines „Knotenbüchleins"

Kontrolle

- Hält der Knoten bzw. erfüllt er seinen Zweck?

☞ **Tipp**

Neben seiner lebenspraktischen Bedeutung dient dieses Material einer Fülle von Lernzielen aus verschiedenen Bereichen, z. B.: Rechts-links-Orientierung, Erkennen der Lage im Raum, Überkreuzen der Körpermitte (Verknüpfen beider Gehirnhälften) usw. Viele Anregungen finden sich im Übungspaket: 44 Knoten von Acht bis Zimmermann. Edition moses

Wer sagt was?

Pädagogische Zielsetzung

- sinnentnehmendes Lesen
- Verbinden von typischen Ausdrücken mit dem jeweiligen Berufsbild

Material und Anwendung

Herstellung / Beschaffung

- Bilder verschiedener Berufsgruppen ausschneiden und auf Karton kleben
  (hier: „Wer braucht was?" Spiel von Ravensburger)
- Karten mit typischen Redewendungen
- Wortkarten mit der Berufsbezeichnung

Einsatz und Handhabung

- Bilder betrachten
- Wortkarten beifügen
- Texte erlesen und zuordnen

Variation

- Partner- oder Gruppenspiel: Texte vorlesen, wer den Beruf zuerst erraten hat, darf sich Bild- und Wortkarte nehmen.
- Kinder erstellen selbst weitere Textkarten zu den verschiedenen Berufen

Kontrolle

- farbige Klebepunkte auf der Rückseite der Karten

☞ **Tipp**

Kopiervorlage für berufstypische Redewendungen im Anhang; S. 99.

Deutsch | Weiterführendes Lesen

Wie heißt das noch?

Märchenexperte

Pädagogische Zielsetzung

- Erweiterung des Wortschatzes durch Zuordnen von abgebildeten Gegenständen, für die es zwei oder mehr Bezeichnungen gibt

Material und Anwendung

Herstellung / Beschaffung

- auf Karton geklebte Bilder, für die es zwei oder mehr sinngleiche Bezeichnungen gibt
- Beschriften der Karte mit einem Begriff
- Wortkarten für die Synonyme

Einsatz und Handhabung

- Betrachten der Bilder
- Lesen der Bezeichnungen
- Zuordnen der Wortkarten mit den Synonymen

Variation

- Partnerspiel: Wie heißt das noch?
- Anlegen eines Heftchens mit Synonymen
- Erweiterung des Materials durch die Schüler

Kontrolle

- farbige Markierung auf der Rückseite der Karten

☞ **Tipp**

Kopiervorlagen im Anhang (S. 100f.)

Pädagogische Zielsetzung

- selbstständiges Erlesen kurzer Texte
- sinnerfassendes Lesen

Material und Anwendung

Herstellung / Beschaffung

- Grundplatten mit den Titeln von Märchen
- Bilder von Märchen
- Textkarten

Einsatz und Handhabung

- Auslegen der Grundplatten
- Auslegen der Bilder
- Zuordnen der passenden Texte

Variation

- entfällt

Kontrolle

- Markierungen auf der Rückseite der Bilder und Textkarten in der Farbe der Grundplatte

☞ **Tipp**

Bilder aus alten Märchenbüchern ausschneiden; alternativ: Märchenquartett (bunte Bilder) oder „Malbuch Märchen", Döll Verlag (preiswert)
Kopiervorlagen für Märchentexte im Anhang (S. 102 ff.)

| Deutsch | Weiterführendes Lesen |

Das möchte ich lesen

Pädagogische Zielsetzung

- Kinder- und Jugendliteratur kennen lernen
- Interesse am Buch wecken

Material und Anwendung

Herstellung / Beschaffung

- Kiste mit Taschenbüchern
- weiße Karteikarten, beklebt mit Abbildungen von Titelseiten und Klappentexten (ausgeschnitten aus Verlagsprospekten)
- grüne Karteikarten mit der Beschriftung:
„Ich habe das Buch gelesen.
Es gefällt mir, weil …
Es gefällt mir nicht, dass …"

Einsatz und Handhabung

- Lesen der weißen Karten
- Auswahl eines Buches
- Lesen der Ganzschrift
- Beurteilen des Gelesenen
- Vermerken der eigenen Meinung auf der grünen Karte

Variation

- Erweitern des Buchbestandes und der Kartei durch die Schüler

Kontrolle

- entfällt

Lesekönig

Pädagogische Zielsetzung

- Hinführung zum selbstständigen Lesen
- Steigerung der Lesefertigkeit

Material und Anwendung

Herstellung / Beschaffung

- Leseausweis mit Aufträgen (Faltblatt)
- Klebesterne für den Lehrer
- Kiste mit kleinen Belohnungen

Einsatz und Handhabung

- Bearbeiten der Aufträge (in beliebigem Zeitraum)
- Vortragen vor Lehrer oder Klasse
- Klebestern für bewältigte Aufgaben beim Lehrer abholen und einkleben
- nach Erlangen von 5 Sternen Belohnung auswählen

Variation

- entfällt

Kontrolle

- durch Schüler und Lehrer

☞ Tipp

Kopiervorlage im Anhang (S. 105)

Deutsch — Erstschreiben

Knöpfe annähen

Pädagogische Zielsetzung
- Verbessern der Feinmotorik

Material und Anwendung

Herstellung / Beschaffung
- Kasten mit Stoffresten, großen Knöpfen, Wolle bzw. Garn, Stopfnadeln
- Anleitungskarten

Einsatz und Handhabung
- Annähen eines Knopfes nach Anleitungskarten

Variation
- Annähen eines Knopfes und schriftliches Fixieren der Arbeitsschritte (Vorgangsbeschreibung)

Kontrolle
- Sitzt der Knopf zu locker oder zu fest?

Falten

Pädagogische Zielsetzung
- Schulung der Feinmotorik als Vorbereitung zum Schreiben
- Erziehung zur Genauigkeit

Material und Anwendung

Herstellung / Beschaffung
- weiße Stoffservietten oder Herrentaschentücher mit eingestickten Faltlinien
- quadratische Faltpapiere in verschiedenen Größen
- Schere, Klebstoff

Einsatz und Handhabung
- Serviette entlang der vorgegebenen Linie falten
- Nachfalten der Aufgabe mit Papier
- Schneiden entlang der Faltlinien
- Aufkleben der Flächen

Variation
- Legen und Kleben der Flächen zu einer Komposition
- Falten nach Anleitung eines Origami-Büchleins

Kontrolle
- Falt- und Schnittlinie decken sich

Deutsch — Erstschreiben

Schreiben macht Spaß

Pädagogische Zielsetzung
– Einfache Texte gut lesbar in Druckschrift schreiben

Material und Anwendung

Herstellung / Beschaffung
– kleiner Ordner (DIN A6)
– Karteikarten mit einfachen Texten
– Schreibhefte (DIN A4) mit entsprechender Lineatur

Einsatz und Handhabung
– Lesen des Textes
– Abschreiben des Textes
– Dazumalen eines passenden Bildes

Variation
– Anlegen eines eigenen Geschichtenbüchleins

Kontrolle
– durch die Vorlage

☛ **Tipp**
Kopiervorlage im Anhang (S. 106)

| Deutsch | Weiterführendes Schreiben |

Mein Gedichtheft

Pädagogische Zielsetzung

- Schreiben und Gestalten einer Gedichtsammlung
- Sammeln von Erfahrungen mit unterschiedlichen Schreibgeräten

Material und Anwendung

Herstellung / Beschaffung

- Sammlung von Kindergedichten aus verschiedenen Bereichen („Gedichte in Stundenbildern", Auer Verlag)
- verschiedene Schreibgeräte
- Blätter in verschiedener Qualität und Farbe mit unterschiedlicher Lineatur

Einsatz und Handhabung

- Auswahl einer Vorlage
- Abschreiben und Gestalten

Variation

- Zusammenstellen einer eigenen Gedichtmappe, die am Schuljahresende gebunden werden kann
- Ausstellung

Kontrolle

- entfällt

☛ Tipp

Hefte von „Troxler – Haus – Werkstätten" auseinander nehmen und als Einzelblätter verwenden.

Deutsch — Rechtschreiben

Würfeldiktat

Pädagogische Zielsetzung

- Wörter aus dem Grundwortschatz richtig schreiben
- Üben einer Nachschrift

Material und Anwendung

Herstellung / Beschaffung

- Texte auf Karten kleben
  (Mein Grundwortschatz in Wochennachschriften, Auer Verlag)
  Würfel
  Spielstein
  Schreibblock

Einsatz und Handhabung

- Auswahl eines Textes
- würfeln (gewürfelt sind z. B. drei Augen)
- Spielstein auf das dritte Wort setzen
- Wort abschreiben
- würfeln
- mit dem Spielstein weiterziehen usw.
  (mehrere Durchgänge)

Variation

- entfällt

Kontrolle

- Textvorlage

☛ Tipp

Es kann passieren, dass manchmal sehr „einfache" Wörter geschrieben werden müssen. Die Praxis zeigt jedoch, dass diese Rechtschreibübung Kinder stark motiviert, die zu übenden Wörter ständig vor Augen sind und der Text auf diese Art mehrmals durchgearbeitet wird.

Magnettafel: Wortarten

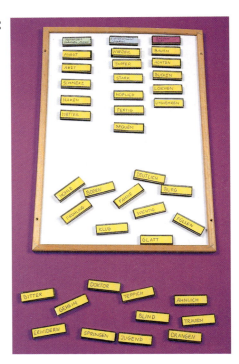

Pädagogische Zielsetzung

- richtiges Schreiben von Wörtern aus dem Grundwortschatz
- Beachten von Groß- und Kleinschreibung
- Unterscheiden von Wortarten

Material und Anwendung

Herstellung / Beschaffung

- Magnettafel
- Wortkärtchen mit Magnetpunkten (alle Wörter in großen Druckbuchstaben)
- drei Kärtchen mit Magnetpunkten mit den Bezeichnungen der Wortarten
- Kontrollblatt

Einsatz und Handhabung

- Auflegen der „Wortartkärtchen", sodass sich drei Spalten ergeben
- Einordnen der vorhandenen Wörter
- Abschreiben ins Heft, dabei über Groß- und Kleinschreibung selbstständig entscheiden

Variation

- entfällt

Kontrolle

- Kontrollblatt

☛ Tipp

Da sich eine Magnettafel in allen Jahrgangsstufen und in vielen Bereichen verwenden lässt, lohnt sich ihre Anschaffung (ca. 20 DM).

Deutsch   Rechtschreiben

Fremde Wörter

Pädagogische Zielsetzung

– richtiges Schreiben von häufig verwendeten Fremdwörtern

Material und Anwendung

Herstellung / Beschaffung
– Fremdwörter in Silben zerlegt auf Cuisenaire-Stäbe schreiben (Ersatz: Silbenkärtchen)
– Umschreibung der Fremdwörter auf weiteren Cuisenaire-Stäbe

Einsatz und Handhabung
– Silben richtig zusammensetzen
– Umschreibung zuordnen
– Abschreiben

Variation
– Anlegen einer alphabethischen Fremdwörterkartei durch die Schüler
– Partnerspiel: Fremdwörter lesen, Umschreibung nennen und/oder umgekehrt

Kontrolle
– ganzes Fremdwort auf der Rückseite der Umschreibung

☛ Tipp
Wortsammlung im Anhang (S. 107)

Lehnwörter

Pädagogische Zielsetzung

– Kennenlernen des geschichtlichen Ursprungs einzelner deutscher Wörter

Material und Anwendung

Herstellung / Beschaffung
– Cuisenaire-Stäbe gelb und rot
  (alternativ: farbige Kartonstreifen)
– Beschriftung:
  gelbe Stäbchen mit lateinischen, rote Stäbchen mit deutschen und lateinischen Begriffen

Einsatz und Handhabung
– Zuordnen von gelben und roten Stäbchen
– Abschreiben der Wortpaare

Variation
– Anlegen einer „Lehnwörterkartei"

Kontrolle
– Wenden der roten Stäbchen

☛ Tipp
Wortsammlung im Anhang (S. 107)

Deutsch Rechtschreiben

Mitlautverdoppelung

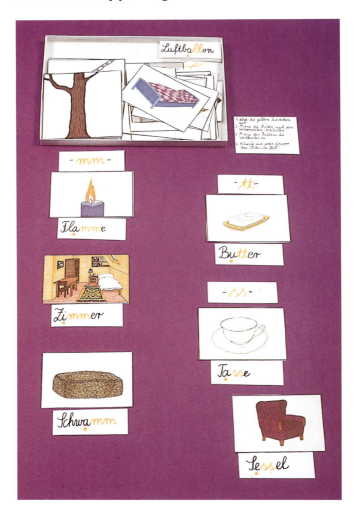

Pädagogische Zielsetzung

– Mitlautverdopplung als Besonderheit der deutschen Rechtschreibung kennen lernen

Material und Anwendung

Herstellung / Beschaffung

– Abbildungen von Gegenständen, deren Name eine Mitlautverdopplung aufweist
– Wortkarten

Einsatz und Handhabung

– Auslegen aller Bilder
– Ordnen der Bilder nach Mitlautverdopplungen (ss – tt – ll …)
– Zuordnen der Wortkarten
– tabellarischer Hefteintrag

Variation

– Trennen der Wörter

Kontrolle

– entfällt

Deutsch — Schriftlicher Sprachgebrauch

Und-dann-Folgegeschichten

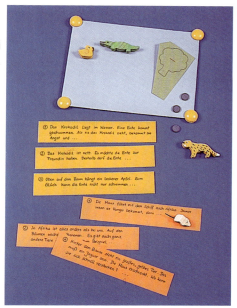

Pädagogische Zielsetzung

– Ausdenken und Weitererzählen von angefangenen Geschichten
– Darstellen der Geschichten mit Figuren

Material und Anwendung

Herstellung / Beschaffung

Spiel der Lernwerkstatt Vogt:
– lackierte Metalltafel
– Holzfiguren mit Magneten
– Pappfiguren
– Streifen mit Teilen einer Geschichte, die jeweils ergänzt werden soll.

Einsatz und Handhabung

– Lesen des Beginns der Geschichte
– Darstellen auf der Magnettafel
– Zu-Ende-Erzählen des angefangenen Satzes
– Darstellen auf der Tafel
– Lesen des zweiten Streifens
– mündliches Ergänzen usw.

Variation

– Erzählen und Legen im Partner- oder Gruppenspiel
– Aufschreiben der erfundenen Geschichten
– Zusammenstellen in einem Geschichtenbuch

Kontrolle

– entfällt

☛ Tipp

Das Material besitzt hohen Aufforderungscharakter, der Phantasie sind keine Grenzen gesetzt.

Schuhe putzen

Pädagogische Zielsetzung

– genaues Beschreiben eines Vorganges
– Beachten der richtigen Reihenfolge einer Tätigkeit

Material und Anwendung

Herstellung / Beschaffung

– Werkzeuge und Schuhe zum Putzen
– Textkarten (Reihenfolge der Tätigkeiten)
– Nummerierung auf der Rückseite

Einsatz und Handhabung

– Auslegen der Textkarten
– Kontrollieren der Reihenfolge
– Ausführen der Tätigkeit
– Aufschreiben des Vorganges

Variation

– Partnerarbeit: Ein Kind putzt den Schuh, das andere beschreibt den Vorgang

Kontrolle

– materialimmanent

☛ Tipp

Diese Art der Vorgangsbeschreibung eignet sich auch für kleine Versuche aus dem Sachunterricht. Kopiervorlage für Textkarten im Anhang (S. 108)

Deutsch — Schriftlicher Sprachgebrauch

Kalenderblätter

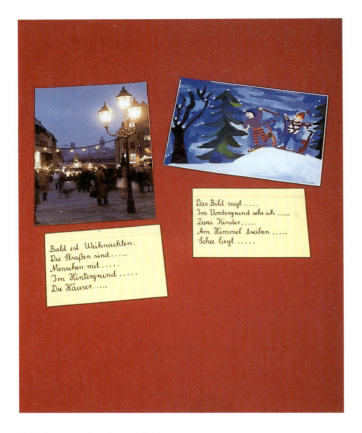

Pädagogische Zielsetzung
– genaues Beschreiben eines Bildes

Material und Anwendung

Herstellung / Beschaffung
– aussagekräftige Kalenderbilder auf Karton kleben
– Textstreifen mit Satzanfängen, z. B.
  „Auf dem Bild sehe ich …"
  „Im Vordergrund …", „Weit dahinter …"
  „Rechts oben …", „In der Mitte des Bildes …"
  „Das Bild zeigt …" usw.
– Auftragskarte

Einsatz und Handhabung
– Auswählen eines Kalenderblattes
– Beschreiben des Bildes mithilfe der Auftragskarte und der Satzanfänge

Variation
– entfällt

Kontrolle
– entfällt

Manchmal wär ich gern ein Tiger

Pädagogische Zielsetzung
– Erfassen und Schreiben von Fantasiegeschichten

Material und Anwendung

Herstellung / Beschaffung
– Bilderbuch von Janosch (Beltz Verlag) zerschneiden
– Text- und Bildseiten einzeln auf Karton kleben
– Anleitungskarte

Einsatz und Handhabung
– Zuordnen von Bild und Text
– Erzählen bzw. Aufschreiben einer eigenen Fantasiegeschichte

Variation
– Zusammenstellen eines Geschichtenbuches

Kontrolle
– durch die Lehrkraft

| Deutsch | Sprachbetrachtung |

Zusammengesetzte Namenwörter (Lotto) | Sammelnamen

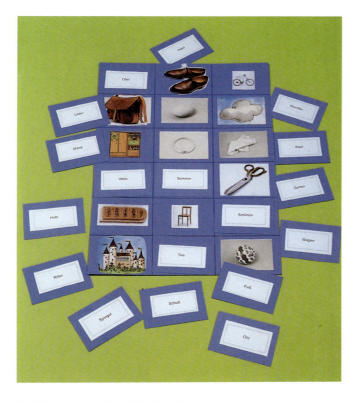 

Pädagogische Zielsetzung

– Einblick in die Möglichkeiten der Wortbildung
– Zusammensetzen von zwei Namenwörtern

Material und Anwendung

Herstellung / Beschaffung

– Grundplatte mit Namenwörtern (Bestimmungswort)
– Kärtchen mit Abbildungen verschiedener Gegenstände (Grundwort)
– Anleitungskarte

Einsatz und Handhabung

– Wörter der Grundplatte lesen
– Kärtchen mit Abbildungen zuordnen

Variation

– Bilder aus Memorys zuordnen

Kontrolle

– entfällt

☛ Tipp

Kopiervorlagen im Anhang (S. 109f.)

Pädagogische Zielsetzung

– Ordnen zusammengehöriger Gegenstände nach Sammelbegriffen

Material und Anwendung

Herstellung / Beschaffung

– Bilder aus Katalogen ausschneiden und auf Karten kleben
– Begriffe auf die Rückseite schreiben
– Schachteln zum Einordnen, auf die der Sammelname geschrieben ist
– Arbeitsblatt

Einsatz und Handhabung

– Bildkarten betrachten
– Bildkarten in die Schachteln verteilen
– Ausfüllen des Arbeitsblattes

Variation

– Erweitern des Materials durch die Schüler

Kontrolle

– Schachteln und Rückseite der Bildkarten farbig markieren

☛ Tipp

Schuhkartons für Kinderschuhe geben die Geschäfte kostenlos ab.

Deutsch   Sprachbetrachtung

Gegensätze finden (Stöpsel)

Pädagogische Zielsetzung

– Finden von Gegensatzpaaren

Material und Anwendung

Herstellung / Beschaffung

– Stöpselkarten aus Karton beschriften:
  Zu jeder Aufgabe gehört neben dem Gegensatzpaar noch ein dritter Begriff
– Plastikstöpsel
– Holzleiste

Einsatz und Handhabung

– Auswählen einer Karte
– Einsetzen in die Holzleiste
– Lesen der Begriffe
– Stöpsel unter das Wort setzen, das nicht zu dem Gegensatzpaar gehört

Variation

– Hefteintrag der Gegensatzpaare

Kontrolle

– farbige Ringverstärker auf der Rückseite der Karte beim falschen Wort

☛ Tipp

Locheisen beim Lehrmittelversand oder Löcher mit einer Ahle für Dosenmilch bohren
Wortsammlung und Beispiel für Stöpselkarten im Anhang (S. 111)

Das logische Adjektivspiel

Pädagogische Zielsetzung

– Kenntnis der Funktion des Adjektivs im Satz
– Sinnentnehmendes Lesen

Material und Anwendung

Herstellung / Beschaffung

– Drei Sätze verschiedenfarbiger Papierstreifen (rot, blau, gelb):
  * erster Satz (rot) beschriftet mit Artikeln
  * zweiter Satz (blau) beschriftet mit Adjektiven
  * dritter Satz (gelb) beschriftet mit Substantiven
– Symbole der Wortarten Artikel, Adjektiv, Substantiv

Einsatz und Handhabung

– Lesen der Substantive
– Zuordnen der Artikel
– Zuordnen des am besten passenden Adjektivs
– Zuordnen der jeweiligen Symbole

Variation

– Herstellen unsinniger Kombinationen durch beliebiges Zuordnen von Adjektiven und Substantiven
– Suchen aller Adjektive, die zu einem Substantiv passen

Kontrolle

– entfällt

Deutsch — Sprachbetrachtung

Sätze bauen

Pädagogische Zielsetzung

- Bilden vollständiger Sätze
- Erkennen der zentralen Bedeutung des Verbs

Material und Anwendung

Herstellung / Beschaffung

- sechs Streichholzschachteln, beklebt in unterschiedlichen Farben, beschriftet mit den Bezeichnungen von Satzgliedern
- Textkärtchen mit Satzgliedern in den jeweiligen Schachteln

Einsatz und Handhabung

- Bilden von Sätzen durch Aneinanderlegen unterschiedlicher Satzglieder
- Umstellen der Satzglieder
- Erweitern und Verkürzen der Sätze
- Aufschreiben der gefundenen Sätze

Variation

- leere Kärtchen zum Beschriften durch die Schüler
- Bilden von Unsinnssätzen

Kontrolle

- Gibt der Satz einen Sinn?

Arbeit mit Pfeilen und Kreisen

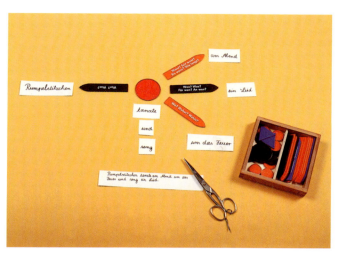

Pädagogische Zielsetzung

- Analyse von einfachen Sätzen
- Erkennen der Funktionen von Satzgegenstand, Satzaussage und Satzergänzung

Material und Anwendung

Herstellung / Beschaffung

- mehrere schwarze Pfeile aus Karton, beschriftet mit den Fragen „Wer oder was?" und „Wen oder was?"
- rote Kreise aus Karton, beschriftet mit der Frage „Was geschieht?"
- kleinere schwarze Kreise aus Karton
- Satzstreifen
- Schere
- Schablone zum Malen von Pfeilen und Kreisen (Schablone bei Fa. Riedel, Reutlingen)

Einsatz und Handhabung

- Lesen des Satzes
- Abfragen der Satzglieder in folgender Reihenfolge:
  „Was geschieht?"
  „Wer oder was?"
  „Wen oder was?"
- Abschneiden der Satzglieder
- Auslegen der Kreise und Pfeile
- Auflegen der Satzteile
- Hefteintrag

Variation

- entfällt

Kontrolle

- entfällt

Deutsch — Sprachbetrachtung

Klammerspaß: Welcher Fall ist das?

Pädagogische Zielsetzung

- Einblick in den Aufbau von Sätzen
- Bestimmen von Satzteilen

Material und Anwendung

Herstellung / Beschaffung

- Karten mit Sätzen, das zu bestimmende Satzglied unterstreichen,
  bunte Klammern in vier Farben (Persen Verlag)
- farbige Markierung auf der Rückseite der Karten anbringen
- Anleitungskarte

Einsatz und Handhabung

- farbige Klammern je nach Satzteil an die Karten anbringen
- Wenden der Karte und Farbe der Klammer mit Farbe der Markierung vergleichen
- tabellarischer Hefteintrag

Variation
- entfällt

Kontrolle
- siehe oben

In der Schule

Pädagogische Zielsetzung

- Erfahren der Funktion von Präpositionen als Angabe des Ortes

Material und Anwendung

Herstellung / Beschaffung

- Schuhkarton als Klassenraum, Türen und Fenster eingezeichnet
- Klassenzimmer von „Playmobil"
- Textkarten mit Satzgegenständen
- Textkarten mit Satzaussagen
- Textkarten mit Ortsangaben

Einsatz und Handhabung

- Zusammenstellen von Sätzen, z. B.:
  Der Kartenständer / befindet sich / neben der Tür.
  Der Schulranzen / liegt / auf dem Pult.
  Das Kind / steht / vor der Tafel
- Einrichten des Klassenzimmers nach der selbst gestellten Aufgabe

Variation
- Vorgeben ganzer Sätze bei jüngeren Schülern

Kontrolle
- entfällt

☛ **Tipp**

Für das Einüben der Präpositionen eignet sich vielerlei Spielzeug: Ritterburg, Zoo …

Deutsch — Sprachbetrachtung

Zeitstufenpuzzle

Pädagogische Zielsetzung

- Erkennen von Zeitstufen
- Zuordnen von deklinierten Verben

Material und Anwendung

Herstellung / Beschaffung

- Grundplatte aus Karton mit Rastereinteilung
- Beschriftung der Felder mit Aufgaben von Zeitstufen und Personalpronomen
- „Zeitwörterblatt" auf Karton kleben
- Kalenderblatt auf die Rückseite kleben und zerschneiden

Einsatz und Handhabung

- Lesen der Aufgaben auf der Grundplatte
- Legen der Zeitwortkärtchen auf die entsprechenden Felder der Grundplatte
- Wenden der Zeitwortkärtchen

Variation

- entfällt

Kontrolle

- richtig zusammengesetztes Bild

☛ **Tipp**

Beispiele für die Beschriftung der Grundplatte und der Zeitwortkärtchen finden sich im Anhang (S. 112f.) Vergrößert können sie als Kopiervorlage dienen.

Zeitstufen würfeln

Pädagogische Zielsetzung

- verschiedene Zeitstufen von unregelmäßigen Verben bilden
- Wortschatzerweiterung

Material und Anwendung

Herstellung / Beschaffung

- ein großer Naturholzwürfel, beschriftet mit den Personalpronomen
- ein großer Naturholzwürfel, beschriftet mit verschiedenen Zeitstufen
- mehrere bunte Würfel, beschriftet mit unregelmäßigen Verben in der Grundform
- Ergebnistabelle

Einsatz und Handhabung

- Auswählen eines bunten Würfels
- Werfen der zwei Naturholzwürfel und des bunten Würfels
- Umbilden des Verbs nach der Vorgabe der Würfel
  z. B. bunter Würfel: „gehen"
  Naturholzwürfel 1:   „du"
  Naturholzwürfel 2:   „Zukunft"
  Lösung: du wirst gehen
- Eintrag von Vorgaben und Lösung in die Ergebnistabelle

Variation

- entfällt

Kontrolle

- durch die Lehrkraft

☛ **Tipp**

Ergebnistabelle als Kopiervorlage im Anhang (S. 114).

Deutsch | Sprachbetrachtung

Körpersprache

Pädagogische Zielsetzung

– Erfassen nichtsprachlicher Zeichen und ihrer Bedeutung

Material und Anwendung

Herstellung / Beschaffung

– zwei Kartensätze:
 erster Satz: Abbildungen mimischer und gestischer Zeichen
 zweiter Satz: Texte

Einsatz und Handhabung

– Auslegen der Bildkärtchen
– Zuordnen des passenden Textes

Variation

– Partnerspiel: Die Bildkarten werden verdeckt auf den Tisch gelegt, die Textkärtchen liegen offen aus. Ein Partner zieht eine Abbildung und macht das Zeichen dem Mitspieler vor. Dieser errät das Zeichen und liest den richtigen Text vor.

Kontrolle

– farbige Markierungen auf der Rückseite der Karte

Mathematik — Pränumerischer Bereich

Gießen und Schütten

Pädagogische Zielsetzung
- Vergleichen von Mengen
- Koordination der Bewegung

Material und Anwendung

Herstellung / Beschaffung
- wasserfeste Unterlage
- Wischlappen, Küchenkrepp
- Tablett mit verschiedenen Gefäßen
- Wasser, Reis, Sand usw. als Schüttgut

Einsatz und Handhabung
- Umfüllen des Schüttgutes in gleich große Behälter
- gleichmäßiges Aufteilen von Mengen in verschieden große Behälter

Variation
- Umfüllen mithilfe eines Trichters
- Umfüllen mithilfe einer Pipette
- Umfüllen in Gefäße mit enger Öffnung

Kontrolle
- verschüttete Materialien

Perlen auffädeln

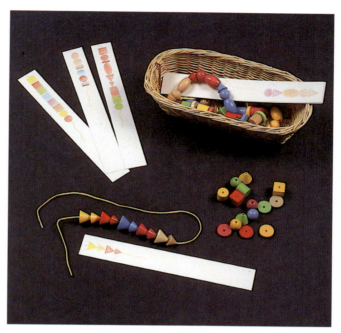

Pädagogische Zielsetzung
- Feststellen von Merkmalen
- Nachlegen von Mustern

Material und Anwendung

Herstellung / Beschaffung
- Holzperlen verschiedener Farben, Formen und Größen aus dem Spielwarenhandel
- Schnur zum Auffädeln
- Auftragskarten

Einsatz und Handhabung
- Auffädeln der Perlen nach vorgegebenem Muster
- Fortsetzen der Reihe

Variation
- Perlenreihe nach Vorschrift verändern, z. B.:
  aus klein wird groß, aus rund wird eckig, aus rot wird blau usw.

Kontrolle
- Vergleich mit der Vorlage

Mathematik   Pränumerischer Bereich

Muster legen

Plättchen würfeln

Pädagogische Zielsetzung

- Erkennen von Merkmalen
- Unterscheiden von Farben, Formen und Größen

Material und Anwendung

Herstellung / Beschaffung

- Holzwürfel, beschriftet mit den Symbolen für „groß" und „klein"
- Holzwürfel, beschriftet mit den Symbolen für geometrische Flächen
- Holzwürfel, beklebt mit farbigen Punkten
- Körbchen mit logischen Plättchen

Einsatz und Handhabung

- Werfen der drei Würfel
- Auswählen des entsprechenden Plättchens
- Hefteintrag: Plättchen als Schablone verwenden

Variation

- Partnerspiele

Kontrolle

- entfällt

Pädagogische Zielsetzung

- Erkennen von Merkmalen
- Nachlegen von Mustern

Material und Anwendung

Herstellung / Beschaffung

- Steckbrett mit 100 Vertiefungen
- farbige Holzzylinder (beides im Spielwarenhandel)
- Aufgabenkarten mit Vorlagen zum Stecken

Einsatz und Handhabung

- Auswählen einer Karte
- Stecken des Musters

Variation

- spiegelbildliche Figuren nur halb vorgeben und ergänzen lassen

Kontrolle

- Vergleich mit der Vorlage

50

Mathematik — Pränumerischer Bereich

Magnettafel: Geometrische Formen

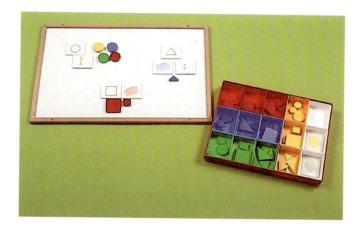

Pädagogische Zielsetzung

– Erkennen und Unterscheiden von Merkmalen
– Legen von Plättchen nach verschiedenen Vorgaben

Material und Anwendung

Herstellung / Beschaffung

– Magnettafel
– geometrische Plättchen mit Magnetstreifen
– Merkmalskärtchen mit Magnetstreifen zum Erstellen einer Matrix

Einsatz und Handhabung

Partnerarbeit:
– Auflegen der Merkmalskärtchen und der geometrischen Plättchen
– Erstellen einer Matrix mit den Merkmalskärtchen durch einen der Partner
– Einordnen der geometrischen Plättchen durch den anderen Partner

Variation

– Auflegen der geometrischen Plättchen, Erstellen der Matrix

Kontrolle

– durch den Partner

| Mathematik | Zahlenraum bis 10 |

Krabbelsack

Pädagogische Zielsetzung

- Zuordnung von Menge und Zahl
- Schulung des Tastsinns

Material und Anwendung

Herstellung / Beschaffung

- Stoffbeutel
- Holzziffern von 0 bis 9
- Kärtchen mit Mengenabbildungen auf der Vorderseite und der entsprechenden Ziffer auf der Rückseite

Einsatz und Handhabung

- Auswählen eines Kärtchens
- Erkennen der Menge
- Ertasten der passenden Ziffer mit Krabbelsack
- Zuordnen

Variation

- Partnerspiel

Kontrolle

- Kärtchen wenden, Ziffer vergleichen

Geburtstagsfest

Pädagogische Zielsetzung

- Lesen von Zahlen
- Zuordnen von Mengen und Ziffern

Material und Anwendung

Herstellung / Beschaffung

- Geburtstagskarten (Schreibwarenhandel)
- Gegenstände zum Zuordnen
  (z. B.: eine Rassel, zwei kleine Päckchen, drei Spielzeugautos …)

Einsatz und Handhabung

- Auslegen der Karten
- Zuordnen der Gegenstände
- Schreiben der Ziffern und Malen der Geschenke ins Heft

Variation

- Zuordnen von Legeziffern

Kontrolle

- fehlende oder übrig gebliebene „Geschenke"

Mathematik — Zahlenraum bis 10

Käfer, wo bist du?

Pädagogische Zielsetzung
- Zuordnen von Mengen

Material und Anwendung

Herstellung / Beschaffung
- Sperrholzplatte
- aufgemalte Käfer mit unterschiedlicher Anzahl von Punkten (zwei bis zwölf)
- ca. 40 Spielsteine in zwei verschiedenen Farben
- zwei Würfel

Einsatz und Handhabung
Partnerspiel:
- würfeln
- Finden des Käfers mit der gewürfelten Punktzahl
- Ablegen der Spielsteine auf dem Käfer
- Sieger ist, wer die meisten Käfer belegt hat

Variation
- entfällt

Kontrolle
- durch den Partner

☛ Tipp
Ein fertiges Käferspiel gibt es beim Ravensburger Verlag.

Spindelkasten

Pädagogische Zielsetzung
- Kennenlernen der 0 als Zahlenbegriff

Material und Anwendung

Herstellung / Beschaffung
Die Spindelkästen sind ein Montessori-Originalmaterial, lassen sich aber auch leicht selbst herstellen
- zwei Kästen mit je 5 Fächern
- Beschriftung der Fächer mit den Ziffern 0 bis 9
- 45 Holzstäbchen

Einsatz und Handhabung
- Einordnen der Holzstäbchen nach der vorgegebenen Anzahl

Variation
- entfällt

Kontrolle
- übrig gebliebene oder fehlende Stäbchen

☛ Tipp
Statt der Spindelkästen lassen sich auch Joghurtbecher und Spateln verwenden.

Mathematik — Zahlenraum bis 10

Farbige Treppe

Pädagogische Zielsetzung

- Zerlegen von Zahlen
- Finden von Tauschaufgaben

Material und Anwendung

Herstellung / Beschaffung

Die „Farbige Treppe" ist ein Original-Montessori-Material, jedoch leicht selbst herzustellen.

- je fünf Perlenstäbchen von 1 bis 9 Perlen in verschiedenen Farben
- ein Reiterchen
- Ziffernkärtchen
- Rechenheft

Einsatz und Handhabung

- Ordnen der Stäbchen nach Farbe und Länge
- Wählen einer Ziffernkarte
- Zuordnen des jeweiligen Perlenstäbchens
- Suchen und Darstellen von Zerlegungsaufgaben
  Beispiel: Fünferstange: 5 + 0
  　　　　　　　　　　　　 1 + 4
  　　　　　　　　　　　　 2 + 3   usw.
- Aufschreiben der Zerlegungsaufgaben

Variation

- entfällt

Kontrolle

- materialimmanent

Blumenwiese

Pädagogische Zielsetzung

- Lösen von Additionsaufgaben

Material und Anwendung

Herstellung / Beschaffung

- Grundplatte aus Karton oder Holz mit aufgemalten Blüten (unterschiedliche Anzahl der Blütenblätter)
- ovale Holzscheiben (Blütenblätter)
- runde Holzscheiben, beschriftet mit Additionsaufgaben als Mittelpunkt der Blüte

Einsatz und Handhabung

- Auslegen der runden Holzscheiben (Aufgabe verdeckt)
- Wenden eines Aufgabenplättchens
- Lösen der Aufgabe (z. B. 2 + 5)
- Herausnehmen der entsprechenden Anzahl von „Blütenblättern"
- Suchen der Blume mit 7 Blütenblättern
- Belegen der Blume mit „Blütenblättern" und Aufgabenplättchen als Blütenmittelpunkt

Variation

- Partnerspiel

Kontrolle

- materialimmanent

☞ **Tipp**

Kopiervorlage im Anhang (S. 115).

Mathematik — Zahlenraum bis 10

Sternenhimmel

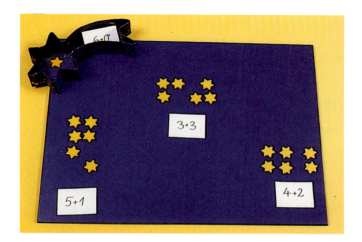

Pädagogische Zielsetzung
- Lösen von Additionsaufgaben

Material und Anwendung

Herstellung / Beschaffung
- dunkelblaue Grundplatte (Holz oder Karton)
- Holzsterne in zwei verschiedenen Gelbtönen
- Aufgabenkärtchen
- Ergebnisblatt

Einsatz und Handhabung
- Lesen der Aufgabe
- Darstellen der Aufgabe mit Sternen
- schriftliches Fixieren der Aufgabe und des Ergebnisses

Variation
- entfällt

Kontrolle
- Lösung auf der Rückseite der Aufgabenkarten

Perlen-Rechenschnüre

Pädagogische Zielsetzung
- Zerlegen von Zahlen
- Finden von Tauschaufgaben

Material und Anwendung

Herstellung / Beschaffung
- schwarz-weiße Perlenstäbchen (hier: Lernwerkstatt Vogt, aber auch leicht selbst herzustellen)
- Aufgabenkärtchen
- Rechenblock

Einsatz und Handhabung
- Lesen der Aufgabe
- Finden der passenden Perlenreihe
- Wenden der Perlenreihe
- Formulieren der Tauschaufgabe
- Aufschreiben von Aufgabe, Tauschaufgabe und Ergebnis

Variation
- entfällt

Kontrolle
- Lösung auf der Rückseite der Aufgabenkarte

Mathematik   Zahlenraum bis 10

Kegelspiel

Pädagogische Zielsetzung
- Verstehen der Subtraktion
- Umsetzen einer Spielhandlung in eine Gleichung

Material und Anwendung

Herstellung / Beschaffung
- Kegelspiel aus dem Spielwarenhandel: 9 Holzkegel, Holzkugeln
- Arbeitsblatt zum Eintragen der Operation

Einsatz und Handhabung
- Aufstellen der Kegel
- Kegeln
- Abzählen der umgestürzten Kegel
- Abzählen der noch stehenden Kegel
- schriftliches Fixieren der Gleichung

Variation
- Partnerspiel: umgefallene Kegel entfernen, wer mit den wenigsten (meisten) Würfen beim Ergebnis 0 ankommt, hat gewonnen.

Kontrolle
- entfällt

☛ Tipp
Statt der Kegel Spielzeugautos, eine Grundplatte (Parkplatz) und einen Zehnerwürfel verwenden

Mathematik   Zahlenraum bis 20

Streifenbrett zur Addition

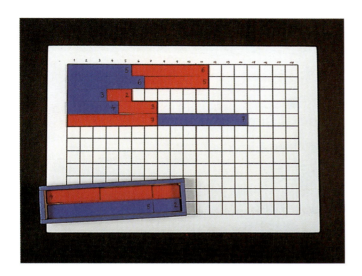

Pädagogische Zielsetzung

– Einsicht in das Wesen der Addition (Tauschaufgaben, Zehnerüberschreitung)

Material und Anwendung

Herstellung / Beschaffung

Das „Streifenbrett zur Addition" ist ein Original-Montessori-Material, hier jedoch selbst erstellt.
– Grundplatte aus Holz oder Karton mit Rastereinteilung: 12 Reihen mit je 18 Quadraten (2 x 2 cm)
– Beschriftung der Kopfzeile mit den Zahlen von 1 bis 18
– Streifen unterschiedlicher Länge aus Karton oder Moosgummi, rot und blau, mit den Ziffern von 1 bis 9
– Kontrolltafel
– Aufgabensammlung

Einsatz und Handhabung

– Ordnen der Streifen nach Farbe und Länge
– Aneinanderlegen der Streifen auf der Grundplatte
– Formulieren der Aufgabe
– Ablesen des Ergebnisses in der Kopfzeile

Variation

– Bilden von Additionsreihen
– Lösen und Aufschreiben von Einzelaufgaben
– Legen von Tauschaufgaben
– Zerlegen von Summanden

Kontrolle

– Kontrolltafel

Hausbesetzung

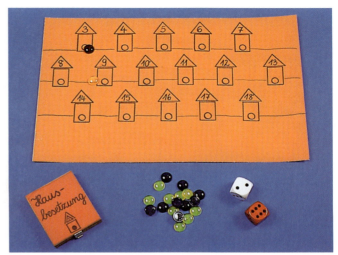

Pädagogische Zielsetzung

– Addieren von drei Summanden

Material und Anwendung

Herstellung / Beschaffung

– Grundplatte mit Abbildungen von Häusern
– Ziffern von 3 bis 18 ins Dach schreiben
– Muggelsteine, je 15 pro Mitspieler in verschiedenen Farben
– drei Würfel

Einsatz und Handhabung

Zwei Mitspieler oder mehr:
– würfeln
– Addieren der Punkte
– Besetzen des entsprechenden Hauses mit einem Muggelstein
– Sieger ist, wer zuerst alle Steine gesetzt hat.

Variation

– Rauswerfen, wenn das Haus schon besetzt ist

Kontrolle

– durch die Mitspieler

| Mathematik | Zahlenraum bis 20 |

Rechensortiment

Pädagogische Zielsetzung

– Lösen von Additions- und Subtraktionsaufgaben im Zahlenraum bis 20
– Erfinden eigener Aufgabenstellungen

Material und Anwendung

Herstellung / Beschaffung

Das „Rechensortiment" stammt aus der Lernwerkstatt Vogt, ist aber auch leicht selbst herzustellen.
Der Kasten enthält zahlreiche Einzelteile, wie z. B. verschiedene Holzperlen, Holzscheiben, Ringe, Streichhölzer, Würfel, Büroklammern … und bietet unzählige Möglichkeiten zum Rechnen und zum Erfinden von Rechengeschichten.
– Rechensortiment
– Aufgabenkarten
– Rechenblock

Einsatz und Handhabung

– Lesen der Aufgabe
– Legen des Materials
– Rechnen und Aufschreiben von Aufgabe und Lösung

Variation

– Erfinden eigener Aufgaben
– Partnerspiel

Kontrolle

– entfällt

☛ **Tipp**

Dieses Material lässt sich auch auf den Zahlenraum bis 10 begrenzen bzw. auf den Zahlenraum bis 100 ausweiten.

Mathematik — Zahlenraum bis 100

Seguin-Tafel II

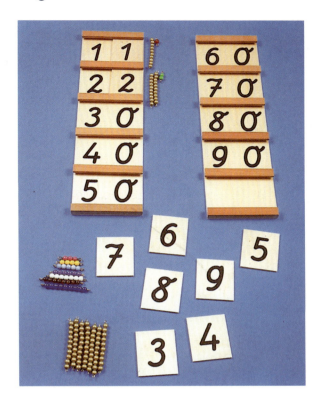

Pädagogische Zielsetzung

- Bilden der Mengen von 11 bis 99
- Zuordnen von Menge und Symbol

Material und Anwendung

Herstellung / Beschaffung

Die Seguin-Tafel II ist ein Original-Montessori-Material, lässt sich aber auch selbst herstellen.
- 2 Bretter, die durch Leisten in je fünf Felder aufgeteilt sind
- Beschriftung: erstes Brett: 10, 20, 30, 40, 50
              zweites Brett: 60, 70, 80, 90
              (das letzte Feld bleibt frei)
- 9 Zahlentafeln von 1 bis 9
- 9 goldene Zehnerstangen
- 10 goldene Einerperlen

Einsatz und Handhabung

- Bilden beliebiger Zahlen durch Aufschieben der Tafeln
- Zuordnen der entsprechenden Perlenmenge

Variation

- Legen einer beliebigen Perlenmenge
- Bilden der dazugehörigen Zahl

Kontrolle

- entfällt

Hunderterbrett

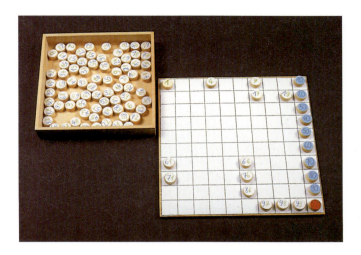

Pädagogische Zielsetzung

- Orientierung im Hunderterraum

Material und Anwendung

Herstellung / Beschaffung

- Holzplatte mit Einteilung in hundert Feldern
- Holzscheiben, beschriftet mit den Zahlen von 1 bis 100
- Kontrolltafel

Einsatz und Handhabung

- Vorsortieren der Holzplättchen nach Zehnergruppen
- Auslegen des Hunderterbrettes

Variation

- Legen von geraden (ungeraden) Zahlen
- Legen der Primzahlen
- Finden von Nachbarzahlen
- Suchen von Vorgänger und Nachfolger

Kontrolle

- Kontrolltafel

☛ **Tipp**

Preiswerte Holzscheiben werden im Heimwerkermarkt als kurze, dicke Holzdübel verkauft.

Mathematik — Zahlenraum bis 100

Poker

Pädagogische Zielsetzung
- Bilden und Vergleichen von Einer- und Zehnerzahlen

Material und Anwendung

Herstellung / Beschaffung
- Stellenwerttabelle für jeden Mitspieler
- Chips oder Muggelsteine
- ein Würfel
- Stift zum Schreiben

Einsatz und Handhabung
Zwei Mitspieler oder mehr:
- würfeln
- Eintragen der gewürfelten Zahl in eine beliebige Spalte der Stellenwerttabelle
- würfeln
- Eintragen der zweiten Zahl in die verbleibende Spalte
- nach jeder Würfelrunde Zahlen der Mitspieler vergleichen
- Vergeben eines Chips an den Spieler mit der höchsten Zahl

Variation
entfällt

Kontrolle
- durch die Mitspieler

Zwanziger-Würfel

Pädagogische Zielsetzung
- Fertigkeit im Lösen von Additionsaufgaben
- Üben der schriftlichen Addition

Material und Anwendung

Herstellung / Beschaffung
- fünf Zwanziger-Würfel (Lehrmittelverlag)
- Vordrucke für die Aufgaben
- Taschenrechner

Einsatz und Handhabung
- Werfen der fünf Würfel
- Eintragen der Zahlen in den Vordruck
- schriftliches Addieren
- Notieren der Lösung
- Nachrechnen mit dem Taschenrechner

Variation
- Partner- oder Gruppenspiel

Kontrolle
- siehe oben

Mathematik — Zahlenraum bis 100

Schlangenspiel zur Addition

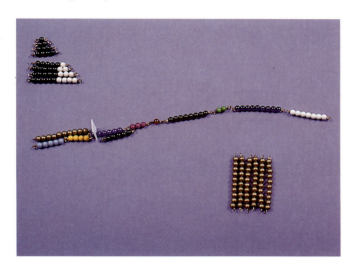

Pädagogische Zielsetzung

- Addieren durch Zählen
- Ergänzen auf 10
- Zerlegen der Zahlen 2 bis 9

Material und Anwendung

Herstellung / Beschaffung

Das „Schlangenspiel zur Addition" ist ein Original-Montessori-Material. Es kann jedoch selbst hergestellt werden.
- je 5 Perlenstäbchen von 1 bis 9 in verschiedenen Farben
- 22 goldene Zehnerstäbchen
- ein Satz schwarzer Perlenstäbchen von 1 bis 5
- ein Satz schwarz-weißer Perlenstäbchen von 6 bis 9
- ein Reiterchen aus Karton

Einsatz und Handhabung

- Legen einer beliebig langen bunten Schlange (Beispiel: 2 + 5 + 7 + 3 + 9 + 4 + 8 …)
- Abzählen der ersten 10 Perlen
- Markieren mit dem Reiterchen
- Zuordnen einer goldenen Zehnerstange (darunter)
- Abzählen der über 10 hinausreichenden Perlen des Stäbchens hinter dem Reiterchen
- schwarzes bzw. schwarz-weißes Stäbchen zuordnen (darüber)
- bereits gezählte farbige Perlenstäbchen wegnehmen und beiseite legen
- Abzählen der nächsten 10 Perlen, beginnend mit den schwarzen bzw. schwarz-weißen Perlen …, bis die ganze Schlange durch goldene Zehner ersetzt ist (schwarzes bzw. schwarz-weißes Stäbchen oft am Ende der goldenen Schlange)

Variation

- Auslegen der bunten Schlange
- Aufschreiben der Kettenrechnung
- Ausrechnen des Ergebnisses

Kontrolle

- je 2 bunte Perlenstäbchen zu einem Zehner legen (z. B. 7 + 3; 2 + 8 …)
- Vergleichen der bunten Zehnerreihen mit der Anzahl der goldenen Stäbchen

☛ Tipp

Die Arbeit mit diesem Material ist nicht so schwierig, wie es scheint. Das „Schlangenspiel zur Addition" wirkt sehr motivierend und macht allen Kindern großen Spaß.

Mathematik — Zahlenraum bis 1000

Muggelsteine würfeln und tauschen

Pädagogische Zielsetzung

- Umtauschen in höhere Kategorien
- Vorbereitung der schriftlichen Addition

Material und Anwendung

Herstellung / Beschaffung

- Stellenwerttabellen
- drei Würfel in den Farben der Stellenwerte (hier nach Montessori: grün für die Einer, blau für die Zehner, rot für die Hunderter)
- Muggelsteine in den Farben der Stellenwerte

Einsatz und Handhabung

- würfeln
- Eintragen der gewürfelten Zahl in die Stellenwerttabelle
- Abzählen der entsprechenden Steine

Nach drei Durchgängen:

- Zusammenzählen der „Einersteine" und umtauschen
- analoges Vorgehen bei Zehnern und Hundertern
- Eintragen des Ergebnisses in die Stellenwerttabelle

Variation

- Partner- oder Gruppenspiel

Kontrolle

- Taschenrechner

Briefmarkenkartei

Pädagogische Zielsetzung

- schriftliches Addieren
- Umwandeln von Geldbeträgen

Material und Anwendung

Herstellung / Beschaffung

- Karteikarten mit aufgeklebten Briefmarken
- Rechenheft

Einsatz und Handhabung

- Aufschreiben und Addieren der Briefmarkenwerte
- Umwandeln des Ergebnisses in DM und Pf

Variation

- Erweitern der Kartei durch die Schüler
- Ergänzen der Kartei durch Briefmarken fremder Länder

Kontrolle

- Lösung auf der Rückseite der Karten

| Mathematik | Zahlenraum bis zur Million |

Die Hierarchie der Zahlen

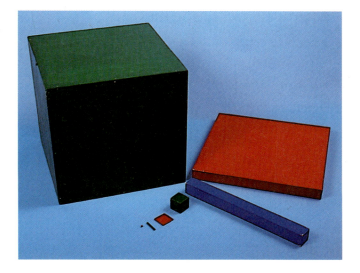

Pädagogische Zielsetzung
- „Begreifen" der Mächtigkeit einzelner Stellenwerte des Dezimalsystems
- Erkennen der Verhältnisse der einzelnen Stellenwerte zueinander

Material und Anwendung

Herstellung / Beschaffung
Die „Hierarchie der Zahlen" ist ein Original-Montessori-Material, hier aber selbst erstellt.
- 7 Körper in Würfel-, Stangen- bzw. Plattenform: Einerwürfel (0,5 cm × 0,5 cm), Zehnerstange, Hunderterplatte, Tausenderwürfel, Zehntausenderstange, Hunderttausenderplatte, Millionenwürfel (50 cm × 50 cm)
- Zahlenkarten

Einsatz und Handhabung
- Auslegen der 7 Körper nach der Größe
- Ausmessen des nächstgrößeren mit dem kleineren Körper
- Vergleichen von Größe und Gewicht
- Zuordnen der Zahlenkarten

Variation
- entfällt

Kontrolle
- entfällt

☞ **Tipp**

Das Arbeitsmittel ist zwar aufwendig, die Anschaffung bzw. Herstellung lohnt sich trotzdem, weil das Material beim Aufbau des Zahlenraumes bis zur Million immer wieder eingesetzt werden kann.

Lehrgang: Römische Zahlen

Pädagogische Zielsetzung
- Einblick in das Lesen und Schreiben römischer Zahlen

Material und Anwendung

Herstellung / Beschaffung
- Holzstäbchen
- Informationskarten
- Aufgabenkarten
- Rechenheft

Einsatz und Handhabung
- Lesen der Information
- Lesen einer Aufgabe
- Ausführen der Aufgabe mit Stäbchen
- Aufschreiben der Lösung

Variation
- entfällt

Kontrolle
- Rückseite der Aufgabenkarten

☞ **Tipp**

Kopiervorlagen im Anhang (S. 116f.)

| Mathematik | Zahlenraum bis zur Million |

Domino: Römische Zahlen

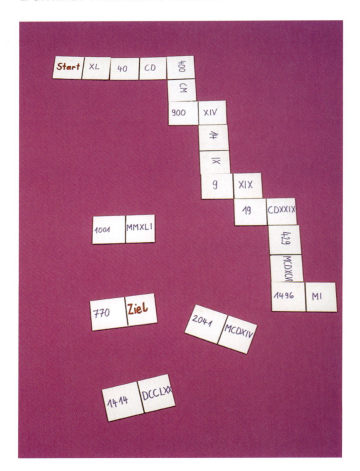

Pädagogische Zielsetzung
– Kennenlernen und Lesen römischer Zahlen

Material und Anwendung

Herstellung / Beschaffung
– Dominokarten mit einfachen römischen und arabischen Zahlen
– Start- und Zielkärtchen

Einsatz und Handhabung
Partnerarbeit:
– Auslegen des Dominos

Variation
– kompliziertere römische Zahlen

Kontrolle
– durch den Partner

☛ **Tipp**
Kopiervorlage im Anhang (S. 118)

Mathematik — Geometrie

Geometrische Körper

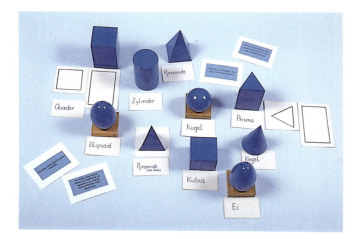

Pädagogische Zielsetzung

- Kennenlernen von geometrischen Körpern und ihren Bezeichnungen
- Feststellen von Gemeinsamkeiten und Unterschieden

Material und Anwendung

Herstellung / Beschaffung

Die „Geometrischen Körper" sind ein Original-Montessori-Material.

- 9 blaue geometrische Körper
- Grundflächentäfelchen
- Wortkarten mit den Namen der Körper
- Textkarten mit Beschreibungsrätseln
- Karten mit Netzabbildungen
- Aufgabenkarten

Einsatz und Handhabung

- Aufstellen der Körper
- Lesen eines Beschreibungsrätsels
- Finden des dazugehörigen Körpers und der Namenskarte
- Lesen einer Aufgabenkarte
- Lösen der Aufgabe durch Ausprobieren und Betasten der Körper

Variation

- blindes Ertasten und Benennen der Körper
- Suchen von geometrischen Formen in Gegenständen der Umgebung
- Partnerspiel: Blindes Betasten, Beschreiben, Erraten des Körpers durch den Partner

Kontrolle

- entfällt

☛ Tipp

Geometrische Körper, wenn auch in anderer Ausführung, finden sich in jeder Lehrmittelsammlung.
Kopiervorlagen für Aufgabenkarten und Rätsel im Anhang (S. 119f.)

Mathematik — Geometrie

Konstruktive Dreiecke

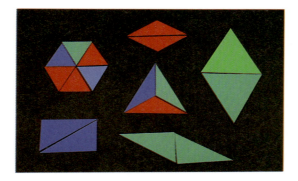

Pädagogische Zielsetzung

- Vorbereitung auf die Geometrie
- Erkenntnis, dass aus gleich großen, gleichschenkligen, stumpfwinkligen Dreiecken neue Formen gebildet werden können: Dreiecke, Raute, Parallelogramm, Sechseck

Material und Anwendung

Herstellung / Beschaffung

- Original-Montessori-Material (Großer Sechseckkasten):
  ein gelbes gleichseitiges Dreieck mit drei schwarzen Kanten
  drei gelbe gleichschenklige, stumpfwinklige Dreiecke mit einer schwarzen Kante
  drei gelbe gleichschenklige, stumpfwinklige Dreiecke mit schwarzen Kanten
  zwei rote gleichschenklige, stumpfwinklige Dreiecke mit einer schwarzen Kante
  zwei graue gleichschenklige, stumpfwinklige Dreiecke mit einer schwarzen Kante
- Dreiecke vergrößern, aus Moosgummi oder Pappe zuschneiden

Einsatz und Handhabung

- Dreiecke auslegen
- neue Figuren bilden

Variation

- Abzeichnen der Formen

Kontrolle

- die schwarzen Linien

☛ Tipp

- Kopiervorlage für die Dreiecke des sechseckigen Kastens im Anhang (S. 121)
- Das Material besteht aus fünf Kästen mit verschiedenen Dreiecken. Davon ist ein Kasten dreieckig, ein großer und ein kleiner Kasten sind sechseckig und zwei weitere sind rechteckig.

Tangram

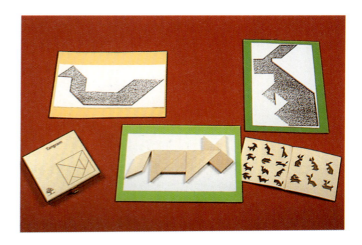

Pädagogische Zielsetzung

- Geometrische Grunderfahrungen
- Nachlegen vorgegebener Muster und Figuren

Material und Anwendung

Herstellung / Beschaffung

- Tangram
- Legevorschriften aus dem Begleitheft kopieren und vergrößern
- verschiedene Reihen anlegen (Tiere, Schiffe, Häuser)

Einsatz und Handhabung

- Reihe auswählen
- Nachlegen der Muster mit den Holzplättchen

Variation

- Legen weiterer Figuren (ohne vergrößerte Legevorschrift)

Kontrolle

- entfällt

☛ Tipp

- schönes Tangram in der Holzkiste von der Firma Holzinsel (erhältlich in allen ARS-Spielzeugläden)

Mathematik — Geometrie

Spannbretter

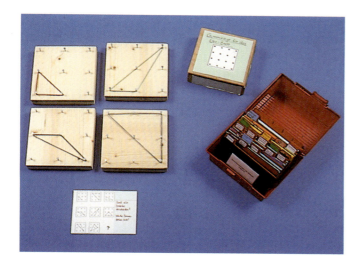

Pädagogische Zielsetzung

- Geometrische Grunderfahrungen
- Herstellen geometrischer Figuren
- Erkennen von Beziehungen zwischen geometrischen Figuren

Material und Anwendung

Herstellung / Beschaffung

- Zwei 16-Nagel-Geobretter in der Größe 16 cm × 16 cm (Holzbrettchen beschlagen mit 13-mm-Nägeln)
- Zwei 9-Nagel-Geobretter in der Größe 11 cm × 11 cm (Holzbrettchen beschlagen mit 13-mm-Nägeln)
- Gummiringe in verschiedenen Größen und Farben
- Auftragskarten

Einsatz und Handhabung

- Auftrag lesen
- Figur spannen und gegebenenfalls verändern nach Vorschrift

Variation

- eigene Figuren erfinden
- Figuren abzeichnen

Kontrolle

- Abbildungen auf den Rückseiten der Auftragskarten

☛ Tipp

- Viele interessante Anregungen für die Arbeit mit den Geobrettern in: Radatz/Rickmeyer: Handbuch für den Geometrieunterricht an Grundschulen, Hannover 1991

Symmetrische Figuren

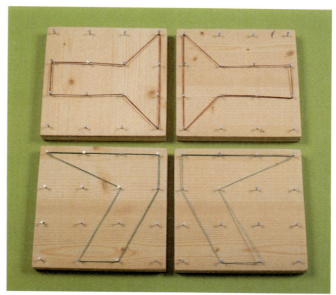

Pädagogische Zielsetzung

- Geometrische Grunderfahrungen
- Kennenlernen der Begriffe „deckungsgleich", „Symmetrieachse" und „Spiegelbild"
- handelnder Umgang mit symmetrischen Figuren

Material und Anwendung

Herstellung / Beschaffung

- Nagelbrettchen
- farbige Gummiringe
- Auftragskarten

Einsatz und Handhabung

- Betrachten einer Auftragskarte
- Spannen der vorgegebenen Figur
- Erstellen des Spiegelbildes auf dem zweiten Nagelbrett
- Kontrollieren mit dem Taschenspiegel

Variation

- Erfinden eigener Figuren
- Abzeichnen der Figuren

Kontrolle

- materialimmanent

☛ Tipp

- Alle Arbeitsvorlagen entstammen dem Buch: Leutenbauer, H.: Geometrie in der Grundschule, Donauwörth 1991
- Weitere Anregungen finden sich in: Radatz/Rickmeyer: Handbuch für den Geometrieunterricht in der Grundschule, Hannover 1991

Mathematik — Multiplikation

Kleines Multiplikationsbrett

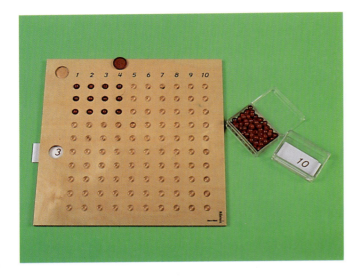

Pädagogische Zielsetzung

- Geometrische Darstellung von Einmaleinsreihen
- Ermitteln der Produkte durch Zählen
- Erstes Einprägen von Einmaleinsaufgaben

Material und Anwendung

Herstellung / Beschaffung

- Einmaleinsbrett: Original Montessori-Material
  ein Brett mit 10-mal 10 Vertiefungen
  die Kopfzeile des Brettes ist beschriftet mit den Ziffern von 1 bis 10
- 10 Zahlenkärtchen, beschriftet mit den Ziffern von 1 bis 10
- 100 gleichfarbigen Perlen
- ein farbiger Chip
- Aufgabenkärtchen für das ganze kleine Einmaleins
- Kontrolltafel
- Aufgabenvordrucke

Einsatz und Handhabung

- Zahlenkärtchen auswählen (z. B. 5)
- farbiger Chip wird über die „1" der Zahlenreihe am oberen Brettrand gelegt
- unter der Ziffer „1" auf dem Brett 1-mal 5 Perlen senkrecht auflegen
- Eintragen des Ergebnisses in den Vordruck, die Malaufgabe dabei mitsprechen
- Wegräumen der Perlen
- farbiger Chip wird über die „2" der Zahlenreihe am oberen Brettrand gelegt
- Legen von 2 Spalten mit je 5 Perlen
- ebenso verfahren bei allen anderen Ziffern
- Kontrollieren

Variation

- Beliebig rechteckige oder quadratische Felder mit Perlen auslegen, Multiplikator und Multiplikand ermitteln (die Kinder erkennen, dass bei quadratischen Feldern Multiplikator und Multiplikand die gleichen Zahlen sind)
- Tauschaufgaben legen durch Umtauschen von Multiplikator und Multiplikand

Kontrolle

- Kontrolltafel

☛ Tipp

- Das Kleine Einmaleinsbrett ist ein Original-Montessori-Material, lässt sich jedoch ohne großen Aufwand gut nachbauen: anstelle der Perlen flache Muggelsteine verwenden, statt der Vertiefungen für die Perlen beim Originalbrett eine Rastereinteilung anbringen.

Mathematik — Multiplikation

1×1-Ketten

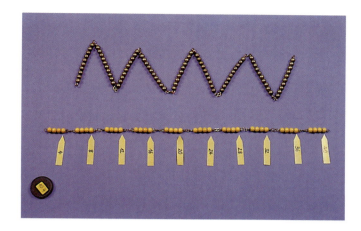

Pädagogische Zielsetzung

- Einprägen der 1×1-Reihen
- Feststellen von Gemeinsamkeiten verwandter 1×1-Reihen

Material und Anwendung

Herstellung / Beschaffung
- farbige Perlenketten für jede 1×1-Reihe
- Zahlenpfeile mit den 1×1-Zahlen in der entsprechenden Farbe

Einsatz und Handhabung
- Auslegen einer Kette
- Zuordnen der Zahlenpfeile
- Aufschreiben der 1×1-Reihe

Variation
- Vergleichen verwandter 1×1-Reihen durch Untereinanderlegen der Ketten
  Beispiel:
  Die Achterkette ist doppelt so lang wie die Viererkette.
  Manche Zahlen aus der Achterkette finden sich auch in der Viererkette usw.

Kontrolle
- entfällt

Quadratketten

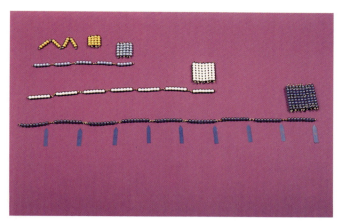

Pädagogische Zielsetzung

- lineare und flächige Darstellung von Zahlen
- Kennenlernen der Quadratzahlen

Material und Anwendung

Herstellung / Beschaffung
Die „Quadratketten" sind ein Original-Montessori-Material, hier jedoch selbst erstellt.
- farbige Perlenketten unterschiedlicher Länge für alle Quadratzahlen von 1×1 bis 10×10
- 10 Perlenquadrate in den Farben der entsprechenden Ketten
- farbige Pfeile mit der Grundzahl und ihren Vielfachen (z. B.: 5, 10, 15, 20, 25)
- Zahlenkärtchen mit den Ergebnissen

Einsatz und Handhabung
- Auslegen aller Ketten, geordnet nach der Länge
- Zuordnen von Pfeilen und Ergebniskarten
- Zuordnen der Quadrate
- Zusammenschieben der Ketten zu Quadraten
- Vergleichen mit dem festen Quadrat
- Aufschreiben der Malaufgaben

Variation
- Anordnen der Ketten zu regelmäßigen Vielecken: Dreierkette wird zum Dreieck, Viererkette zum Viereck ...
- Auslegen der festen Quadrate zu einer Treppe
- Aufeinanderlegen aller festen Quadrate zu einer Pyramide

Kontrolle
- entfällt

Mathematik — Multiplikation

Multiplikationskreis

Pädagogische Zielsetzung

- Üben der Einmaleinssätze
- Erkennen ihrer Beziehungen

Material und Anwendung

Herstellung / Beschaffung

Material der Lernwerkstatt Vogt:
- Holzbrett, auf dem 10 nummerierte Nägel kreisförmig angeordnet sind
- 9 verschieden lange Wollfäden
- Kontrolltafel

Einsatz und Handhabung

- Spannen eines Einmaleinssatzes
  Beispiel: Das Einmaleins mit 4:
  Einhängen des Fadens bei 0,
  wickeln um die Nägel 4, 8, 2 (für 12),
  6 (für 16), 0 (für 20), 4 (für 24) usw.

Variation

- Übereinanderspannen verschiedener Einmaleinssätze

Kontrolle

- Bei richtig gerechneter Reihe endet der Faden genau auf der 0
- Kontrolltafel zum Vergleichen

☞ **Tipp**

In der Werkstunde durch die Schüler erstellen lassen

1×1-Kartenspiel

Pädagogische Zielsetzung

- Üben der 1×1-Sätze

Material und Anwendung

Herstellung / Beschaffung

- Blankokarten, beschriftet:
  ein Satz Aufgabenkarten
  ein Satz Ergebniskarten

Einsatz und Handhabung

Partnerspiel:
- Ergebniskarten mischen, als Stapel verdeckt auflegen
- Aufgabenkarten gleichmäßig an beide Spieler verteilen
- Ziehen einer Ergebniskarte durch den ersten Spieler
- Überprüfen, ob sich die zum Ergebnis passende Aufgabenkarte in der Hand befindet,
  wenn ja: Ablegen des Kartenpaares
  wenn nein: Ergebniskarte unter den Stapel schieben
- analoges Vorgehen durch den zweiten Spieler usw.
- Sieger ist, wer zuerst alle Karten abgelegt hat

Variation

- Aufgabenkarten als Stapel, Ergebniskarten verteilen

Kontrolle

- durch den Partner

☞ **Tipp**

Blankokarten gibt es bei fast allen Lehrmittelverlagen.

Mathematik — Rechnen mit Größen

Wir kaufen ein

Pädagogische Zielsetzung

- Fähigkeit einfache Sachaufgaben zu lösen
- Rechnen mit Geldbeträgen

Material und Anwendung

Herstellung / Beschaffung

- kleine Gegenstände aus der Puppenstube
- Auszeichnung mit Preisschildern
- Auftragskarten
- Rechenblock

Einsatz und Handhabung

- Lesen einer Auftragskarte
- Auswählen der Gegenstände
- Notieren der Rechnung
- Ausrechnen
- Beantworten der Rechenfrage
- Kontrollieren

Variation

- anstelle konkreter Gegenstände Abbildungen aus Prospekten oder Katalogen ausschneiden und aufkleben

Kontrolle

- Lösung auf der Rückseite der Aufgabenkarten

Möbelkauf

Pädagogische Zielsetzung

- Rechnen mit Geldbeträgen

Material und Anwendung

Herstellung / Beschaffung

- Abbildungen von Möbeln aus Katalogen ausschneiden
- Preisetiketten auf jedem Möbelstück
- Auftragskarten

Einsatz und Handhabung

- Lesen der Auftragskarte
- Zusammenstellen der ausgewählten Möbel
- Abschreiben der Preise
- Errechnen des Gesamtbetrages

Variation

- verschiedenfarbige Auftragskarten für unterschiedliche Schwierigkeitsgrade

Kontrolle

- Ergebnis auf der Rückseite der Aufgabenkarte

☞ **Tipp**

Statt der Abbildungen Puppenmöbel verwenden. Möbel aus der Puppenstube stellen die Schüler leihweise zur Verfügung.

Mathematik — Rechnen mit Größen

Sachrechenkartei

Pädagogische Zielsetzung
- selbstständiges Lösen von Sachaufgaben

Material und Anwendung

Herstellung / Beschaffung
- Sammlung von Sachaufgaben aus alten Schulbüchern
- Aufkleben der Aufgaben auf Karteikarten
- farbige Kennzeichnung der unterschiedlichen Schwierigkeitsstufen

Einsatz und Handhabung
- Auswählen einer Aufgabe je nach Leistungsstand
- Rechnen der Sachaufgabe

Variation
- Schüler verfassen selbst Aufgaben

Kontrolle
- Lösung auf der Rückseite der Karteikarte

☞ Tipp
Sachaufgaben für den 4. Schülerjahrgang in: Dengler, R.: Familie Meier rechnet (Auer Verlag)

Fremde Währungen

Pädagogische Zielsetzung
- Rechnen mit Geldbeträgen
- Umrechnen in andere Währungen

Material und Anwendung

Herstellung / Beschaffung
- beliebige Anzahl von Münzen und Scheinen in verschiedenen Währungen
- beschriftete Aufbewahrungskästchen für jede Währung
- Umrechnungstabellen (Bank)
- Ergebniskärtchen

Einsatz und Handhabung
- Zählen aller Münzen und Scheine einer Währung
- Notieren des Gesamtbetrages
- Umrechnen in DM mithilfe der Tabelle

Variation
- Auftragskarten: Einkaufen in verschiedenen Staaten mit der Landeswährung
- Umrechnen in DM

Kontrolle
- Ergebniskärtchen

Mathematik — Rechnen mit Größen

Lotto: Maßeinheiten

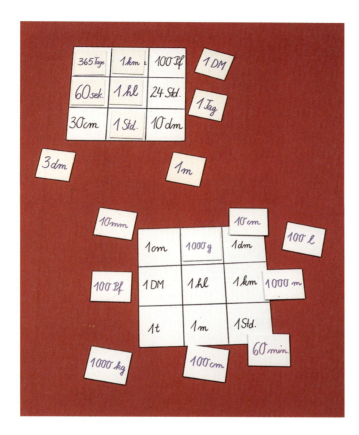

Pädagogische Zielsetzung
– Umrechnen von Maßeinheiten

Material und Anwendung

Herstellung / Beschaffung
– mehrere Grundplatten aus Holz oder Karton, beschriftet mit Maßeinheiten (Hohlmaße, Längenmaße, Gewichte, Zeiteinheiten)
– Aufgabenkärtchen mit Maßeinheiten in anderer Schreibweise
– Lösungstafeln

Einsatz und Handhabung
Partnerspiel:
– Grundplatte für jeden Partner
– Aufgaben verdeckt auslegen
– Ziehen eines Kärtchens
– Vergleichen der Karte mit den Angaben auf der Grundplatte
– bei Übereinstimmung (z. B. Grundplatte: 5000 kg, Aufgabenkarte: 5 t) Ablegen der Karte auf der Grundplatte
– bei Nichtübereinstimmung Zurücklegen der Karte
– Sieger ist, wessen Grundplatte zuerst vollständig belegt ist

Variation
– Einzelarbeit mit offen ausgelegten Karten

Kontrolle
– Lösungstafeln

☛ Tipp
Anregungen aus: Bartl, A. und M.: Spiele im Mathematikunterricht der Grundschule (Auer Verlag)

| Sachkunde | Kind und Gesundheit |

Riechsäckchen

Pädagogische Zielsetzung
– Schulung des olfaktorischen Sinnes

Material und Anwendung

Herstellung / Beschaffung
– Stoffsäckchen, je zwei mit gleichem Inhalt (z. B.: Kaffee, Pfefferminzblätter …)

Einsatz und Handhabung
– Paaren gleicher Geruchssäckchen
– Erkennen und Benennen verschiedener Düfte

Variation
– Namenskärtchen für die verschiedenen Gerüche zuordnen
– Paaren der Säckchen im Partnerspiel
– Herausfinden der Gerüche nach Auftrag: Gib mir das Säckchen, das nach Zitrone riecht!

Kontrolle
– entfällt

☛ **Tipp**
– Besonders bewährt haben sich Wattebäusche als Inhalt der Säckchen, auf die einige Tropfen einer Riechessenz geträufelt werden. Sind die Säckchen mit Klett- oder Reißverschluss versehen, lassen sie sich problemlos waschen (Hygiene!).

Tastbrettchen

Pädagogische Zielsetzung
– Schulung des Tastsinns
– Erkennen der unterschiedlichen Beschaffenheit von rauen Oberflächen

Material und Anwendung

Herstellung /Beschaffung
– Original-Montessori-Material, aber auch leicht selbst herzustellen
– 10 Brettchen, die mit Sandpapier in fünf verschiedenen Körnungen versehen sind, je zwei gleiche
– Augenbinde oder Maske

Einsatz und Handhabung
– Auslegen der Tastbrettchen
– Mischen
– Paaren gleicher Brettchen mit verbundenen Augen

Variation
– Legen von Reihen nach Abstufungen von grob bis fein

Kontrolle
– mit den Augen

Sachkunde   Kind und Gesundheit

Augenkiste

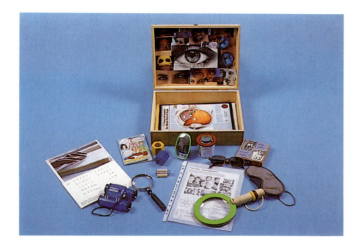

Pädagogische Zielsetzung

- Kenntnisse über Aufgaben und Schutz der Augen
- Kennenlernen der Hilfsmittel für die Augen
- Experimentieren mit optischen Täuschungen
- Kennenlernen der Blindenschrift

Material und Anwendung

Herstellung / Beschaffung

- Bild- und Wortkarten: Teile des Auges
- verschiedene Brillen und Sehhilfen
- dazu passende Wortkarten
- Versuchsmaterial: Optische Effekte (ars edition)
- „Teste deine Augen" und „Farben testen" (Medi und Zini)
- Tafel mit Blindenschrift
- Arbeitsblatt
- Auftragskarten

Einsatz und Handhabung

- freies Experimentieren mit den verschiedenen Hilfsgeräten
- Zuordnen der Wortkarten
- Experimentieren mit den optischen Täuschungen
- Durchführen von Versuchen laut Auftragskarten
- Ertasten der Blindenschrift
- Ausfüllen des Arbeitsblattes

Variation

- entfällt

Kontrolle

☞ Tipp

Viele Anregungen zu dem Thema in: Heimat- und Sachkunde 3: Leben in unserer Welt, Auer Verlag.
Karten mit Blindenschrift bekommt man von den Förderschulen für Sehbehinderte und Blinde kostenlos.

Zahnpflege

Pädagogische Zielsetzung

- Vertiefen der Erkenntnisse über den Zusammenhang von Zahnpflege und Zahngesundheit

Material und Anwendung

Herstellung / Beschaffung

- Materialien zur Zahnpflege
- Naturalien oder Bilder von Lebensmitteln, die der Zahngesundheit zu- oder abträglich sind
- Wortkarten
- Auftragskarte
- Arbeitsblatt

Einsatz und Handhabung

- Gegenstände bzw. Bilder und Namenskärtchen zuordnen
- Ordnen nach den zwei verschiedenen Gesichtspunkten: Das hält meine Zähne gesund. – Davon werden meine Zähne krank.

Variation

- Ergänzen um weitere Bilder und Wortkarten durch die Schüler

Kontrolle

- farbige Klebepunkte auf der Rückseite der Bild- und Wortkarten

☞ Tipp

Prospekte und Materialien über die Zahnpflege geben die Krankenkassen kostenlos ab.

Sachkunde — Kind und Natur

Lochkasten: Pilze

Pädagogische Zielsetzung
– Kennen und Benennen von Pilzen

Material und Anwendung

Herstellung / Beschaffung
– Abbildungen von Pilzen
– Lochkasten
– Lochkarten, das Loch beim richtigen Ergebnis ausschneiden
– Stöpsel

Einsatz und Handhabung
– betrachten, lesen
– Stöpsel setzen
– Karte herausziehen

Variation
– Partnerarbeit: Wer zieht die meisten Karten?

Kontrolle
– nur bei richtiger Antwort lässt sich die Karte herausziehen

☛ Tipp
Bauanleitung für den Lochkasten in „Hilf mir, es selbst zu tun!", S. 120.

Wiesenblumen

Pädagogische Zielsetzung
– Kennen, Benennen und Unterscheiden der häufigsten Wiesenblumen
– Orientierung in einem Pflanzenbestimmungsbuch

Material und Anwendung

Herstellung / Beschaffung
– Ständer mit Reagenzgläsern
– verschiedene Wiesenblumen
– Kärtchen für die Namen
– Bestimmungsbüchlein

Einsatz und Handhabung
– Bestimmen der verschiedenen Wiesenblumen mithilfe des Bestimmungsbüchleins
– Beschriften der Wortkarten

Variation
– Pressen der Wiesenblumen
– Abmalen einzelner Blumen
– Anlegen eines eigenen Wiesenblumenheftchens durch die Schüler

Kontrolle
– entfällt

☛ Tipp
Das Bestimmen der Blumen bereitet den Kindern großen Spaß. Füllen Sie die Röhrchen jede Woche neu. Ständer mit Reagenzgläsern finden sich in jedem Physiksaal.

Sachkunde   Kind und Natur

Laubbäume

Pädagogische Zielsetzung

– Kennen, Benennen und Unterscheiden wichtiger heimischer Laubbäume

Material und Anwendung

Herstellung / Beschaffung

– Blätter von Laubbäumen pressen, auf Karton kleben und mit Folie überziehen
– Abbildungen von Blättern und Früchten
– Wortkarten
– Textkarten (vollständiger Text)
– Textkarten (Lückentext)
– Definitionsbüchlein

Einsatz und Handhabung

– Auslegen der Karten mit den Blättern
– Zuordnen der Abbildungen
– Zuordnen von Wort- und Textkarten
– Vervollständigen des Lückentextes

Variation

– Sammeln von Informationen aus Zeitschriften
– Anlegen eigener „Baum-Büchlein"

Kontrolle

– Vergleich mit den vollständigen Textkarten

☛ **Tipp**

S. Bairlein / S. Kuyten: Freiarbeit in der Heimat- und Sachkunde (Auer Verlag)

Teile der Kirschblüte

Pädagogische Zielsetzung

– Benennen der wichtigsten Blütenteile
– Kennenlernen der Aufgabe einzelner Blütenteile

Material und Anwendung

Herstellung / Beschaffung

– Skizze eines Blütenquerschnitts mehrmals kopieren
– in jeder Skizze einen Teil der Blüte farbig markieren
– Wortkärtchen mit den Namen der Blütenteile
– Satzkärtchen mit den Aufgaben der Blütenteile

Einsatz und Handhabung

– Zuordnen des Namens zu der jeweiligen Skizze
– Zuordnen der Satzkärtchen mit den Funktionen der Blütenteile

Variation

– Abzeichnen der Skizze
– Beschriften der Blütenteile

Kontrolle

– farbige Markierungen auf den Rückseiten der Skizzen, Namens- und Satzkärtchen

☛ **Tipp**

Bildmaterial und zusätzliche Informationen aus alten Schulbüchern ausschneiden

Sachkunde Kind und Natur

Einheimische Amphibien

Pädagogische Zielsetzung

– Aussehen und Lebensweise einheimischer Amphibien kennenlernen
– Bereitschaft für den Tierschutz wecken

Material und Anwendung

Herstellung / Beschaffung

– zwei Broschüren „Einheimische Amphibien" in Bild- und Textteile zerlegen
– Auf Karton kleben

Einsatz und Handhabung

– Texte lesen
– passende Abbildung zuordnen
– Abschreiben eines Textes

Variation – entfällt

Kontrolle

– farbige Markierungen auf der Rückseite der Bild- und Textkarten

☞ Tipp

Die Broschüre „Merkblatt 17: Einheimische Amphibien" gibt es gegen eine geringe Gebühr beim Landesbund für Vogelschutz in Bayern e. V., Kirchenstr. 8, 91161 Hilpoltstein

Verschiedene Thermometer

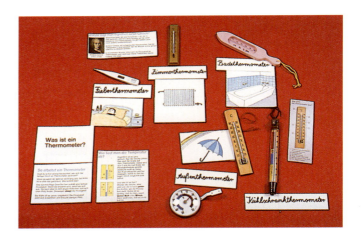

Pädagogische Zielsetzung

– Benennen verschiedener Thermometer
– Kennenlernen des unterschiedlichen Einsatzes

Material und Anwendung

Herstellung / Beschaffung

– verschiedene Thermometer (Fieberthermometer, Zimmerthermometer, Einkochthermometer …)
– Wortkarten mit den Namen der Thermometer
– Situationsbilder

Einsatz und Handhabung

– Thermometer auslegen
– Namenskärtchen zuordnen
– Situationsbilder zuordnen

Variation

– kleine Texte verfassen

Kontrolle

– entfällt

☞ Tipp

Bildmaterial aus den Werscheberger Sprachfibeln. Die Werscheberger Sprachfibeln sind kostenlos erhältlich beim Herausgeber: Arbeiterwohlfahrt, Bezirksverband Weser-Ems e. V. Oldenburg, Klingbergstr., 26133 Oldenburg

Sachkunde — Kind und Natur

Versuchskiste „Wasser"

Pädagogische Zielsetzung

- aus einfachen Versuchen selbstständig Erkenntnisse gewinnen
- wasserlösliche und wasserunlösliche Stoffe kennen lernen
- Bereitschaft für verantwortungsbewussten Umgang mit Wasser fördern

Material und Anwendung

Herstellung / Beschaffung

- Kiste mit Versuchsmaterialien: sechs Gläser, Teelöffel, Trichter, Filter, Filterpapier, Holzstäbchen, Wollfaden, verschiedene Stoffe (Zucker, Salz, Mehl, Sand, Nüsse, Plastikgegenstände, Öl, Holz, Glas …)
- Auftragskarten

Einsatz und Handhabung

- durchnummerierte Aufträge der Reihe nach lesen und ausführen
- Beobachtungen notieren
- Vergleichen der eigenen Beobachtungen mit den Lösungen auf der Rückseite der Auftragskarte

Variation

- weitere Stoffe auf ihre Wasserlöslichkeit untersuchen

Kontrolle

- Lösungen auf der Rückseite der Auftragskarte

☞ **Tipp**

Einfache Versuche mit Wasser finden sich in: Das Element Wasser in der Grundschule, (Verlag an der Ruhr) 1990

Schwimmen und Sinken

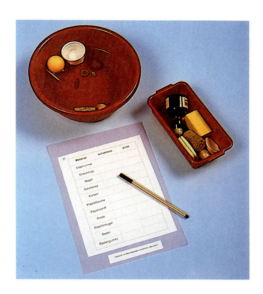

Pädagogische Zielsetzung

- Erfahren, dass sich Gegenstände im Wasser unterschiedlich verhalten
- Erkennen, dass Wasser Gegenstände trägt
- Wissen, dass schwimmende Körper so viel Wasser verdrängen, wie sie selber wiegen

Material und Anwendung

Herstellung / Beschaffung

- wasserdichtes größeres Gefäß (Plastikschüssel oder Blechwanne)
- abwischbare Unterlage
- verschiedene Gegenstände aus unterschiedlichem Material (Holz, Styropor, Ton, Kork, Glas, Metall …)
- Tabelle zum Eintragen der Beobachtungen
- Auftragskarten

Einsatz und Handhabung

- Auftrag lesen, ausführen
- Das Verhalten der einzelnen Gegenstände im Wasser beobachten
- Tabelle ausfüllen

Variation

- Boote bauen aus verschiedenen Materialien
- Boote unterschiedlich beladen

Kontrolle

- entfällt

☞ **Tipp**

- Kopiervorlage im Anhang (S. 122)
- Ideen und Anregungen für unterschiedliche Aufträge in: Das Element Wasser in der Grundschule, (Verlag an der Ruhr) 1990

Sachkunde   Kind und Natur

Leiter und Nichtleiter

Pädagogische Zielsetzung

- Grundkenntnisse über den einfachen Stromkreis erwerben
- Erproben, welche Materialien Strom leiten bzw. nicht leiten

Material und Anwendung

Herstellung / Beschaffung

- Aufbau eines einfachen Stromkreises auf einer Holzplatte (Flachbatterie, Glühlämpchen, Verbindungsdrähte, Fassung)
- Krokodilklemmen
- verschiedene Stoffe: Gummi, Holz, Glas, Messing, Aluminium, Schnur, Eisen, Porzellan, Kupfer, Stein, Kunststoff …
- Tabelle zum Eintragen der Beobachtungen

Einsatz und Handhabung

- Stromkreis schließen
- mithilfe der Krokodilklemmen die unterschiedlichen Stoffe dazwischenschalten

Variation

- Einbau eines Kipp- oder Druckschalters in den Stromkreis (drei Verbindungsdrähte)
- Wärmewirkung des Stroms: Heizdraht um Thermometer wickeln, an Batterie anschließen
- Strom erzeugt Bewegung: Elektromagnet herstellen: Draht um Bleistift zu einer Spule wickeln, in die Spule einen Eisenkern (Nagel) einbauen, mit der Batterie verbinden

Kontrolle

- Birnchen leuchtet bzw. leuchtet nicht

☞ Tipp

- Kostenlose und umfangreiche Informationspakete zum Thema „Strom" von den zuständigen Stromversorgungsunternehmen
- Kopiervorlage im Anhang (S. 123)

Abfalltrennung

Pädagogische Zielsetzung

- Üben der Müllsortierung

Material und Anwendung

Herstellung / Beschaffung

- verschiedene Behälter (Haushaltwarengeschäft)
- Bildkarten oder konkrete Gegenstände
- Wortkarten
- Arbeitsblatt

Einsatz und Handhabung

- Trennen des „Abfalls" nach Bereichen in verschiedenen „Tonnen"
- Zuordnen der Wortkarten
- Ausfüllen des Arbeitsblattes

Variation

- entfällt

Kontrolle

- farbige Markierung auf der Rückseite der Bild- und Wortkarten bzw. der Unterseite der „Tonnen"

Sachkunde   Kind und Natur

Versuchskiste „Magnetkraft"

Pädagogische Zielsetzung

- aus einfachen Versuchen selbstständig Erkenntnisse gewinnen
- grundlegende Kenntnisse über die Eigenschaften von Magneten gewinnen
- Vorbereitung auf den richtigen Umgang mit dem Kompass

Material und Anwendung

Herstellung / Beschaffung

- Magnete in verschiedenen Formen (Hufeisenmagnet, Stabmagnet, Scheibenmagnet)
- verschiedene Stoffe: Büroklammern aus Metall, Plastik, Nagel, Schraube, Gummi, Wolle, Draht, Streichholz, Alufolie, Kupfer ...
- Glas mit Eisenspänen, Papiertaschentuch, Dose mit Sand, ein Blatt Papier, ein Teelöffel
- Tabelle zum Eintragen der Beobachtungen
- Auftragskarten

Einsatz und Handhabung

- durchnummerierte Aufträge der Reihe nach lesen und ausführen
- Beobachtungen notieren
- Vergleichen der eigenen Beobachtungen mit den Lösungen auf der Rückseite der Auftragskarte

Variation

- Gegenstände des täglichen Gebrauchs auf Magnetismus überprüfen
- Ausstellung magnetischer und nichtmagnetischer Gegenstände

Kontrolle

- Lösungen auf der Rückseite der Auftragskarte

☛ Tipp

- Anregungen für eine Magnetismus-Lernkartei finden sich in: Praxis Grundschule 5/91 (Westermann Verlag)
- Kopiervorlage im Anhang (S. 124f.)

Sachkunde — Kind und Zeit

Geburtstagskette

Pädagogische Zielsetzung

– Anbahnen eines Bewusstseins für Zeit
– Verbinden von besonderen Ereignissen mit einzelnen Lebensabschnitten

Material und Anwendung

Herstellung / Beschaffung

– Holzperlen in zwei verschiedenen Farben (für Monate und Geburtstage)
– Faden zum Auffädeln
– Wortkarten mit Monatsnamen und Namen der Jahreszeiten
– Textkarten

Einsatz und Handhabung

– Auffädeln einer „Lebenskette":
  eine Perle für jeden Lebensmonat
– Zuordnen von Wortkarten mit Monaten und Jahreszeiten
– Zuordnen der Textkarten, die das Kind betreffen

Variation

Sitzkreis:
– Auffädeln der Kette von einem Kind, das gerade Geburtstag hat
– Erzählen vom Lebensweg beim Auslegen der Textkarten

Kontrolle

– entfällt

☛ Tipp

Kopiervorlage für Textkarten im Anhang (S. 126)

Verschiedene Uhren

Pädagogische Zielsetzung

– Kennen und Benennen verschiedener Uhren

Material und Anwendung

Herstellung / Beschaffung

– Sammlung verschiedener Uhren wie z. B. Armbanduhr, Stoppuhr, Sanduhr, Wecker, Minutenwecker, Taschenuhr, Digitaluhr …
– Bilder von Uhren wie z. B. Turmuhr, Standuhr, Sonnenuhr, Wanduhr, Kuckucksuhr, Küchenuhr …
– Wortkarten
– Textkarten mit Beschreibungen
– Heft

Einsatz und Handhabung

– Zuordnen von Uhren, Wort- und Textkarten
– Abschreiben der Texte
– Abmalen der Uhren

Variation

– Sammlung von Fragen rund um die Uhr, wie z. B:
  Wie lange darf ein Ei kochen, wenn es weich sein soll?
  Wie viele Sekunden hat eine Minute?
  Wie lange sollst du deine Zähne putzen?
  Wie lange dauert eine Schulstunde? usw.

Kontrolle

– farbige Markierung auf der Rückseite der Wort- und Textkarten

☛ Tipp

Kopiervorlage für Uhren in: S. Bairlein: Freiarbeit in der Heimat- und Sachkunde. 1. Jahrgangsstufe und 2. Jahrgangsstufe (Auer Verlag)

Sachkunde Kind und Zeit

Kalenderpuzzle

Pädagogische Zielsetzung
– den Ablauf eines Jahres überblicken:
  Monate
  Jahreszeiten
  besondere Ereignisse im Jahreslauf

Material und Anwendung

Herstellung / Beschaffung
– Grundplatten aus Karton oder Holz
– Einteilung der Grundplatten in kleine Felder
– Felder beschriften mit Fragen zu Monaten, Jahreszeiten und besonderen Ereignissen im Jahreslauf
– Kalenderbilder zerschneiden in der Größe der Felder der Grundplatte
– Antworten zu den Fragen auf die Rückseite der Kärtchen schreiben

Einsatz und Handhabung
– Grundplatte auflegen
– Fragen lesen
– Zuordnen der Antwortkärtchen

Variation
– entfällt

Kontrolle
– richtig gelegtes Bild

Sachkunde — Kind und Zeit

Spielzeug früher

Pädagogische Zielsetzung
– Einblick in die geschichtliche Entwicklung von Gegenständen

Material und Anwendung

Herstellung / Beschaffung
– Bildkarten verschiedener Spielzeuge (Spielzeugmuseum Nürnberg)
– Informationstexte

Einsatz und Handhabung
– Betrachten der Bildkarten
– Lesen der Texte
– Zuordnen von Bild und Text

Variation
– Erweitern des Materials durch die Schüler: Sammeln von Bildern aus Zeitschriften usw.

Kontrolle
– farbige Markierung auf der Rückseite der Karten

☞ Tipp
Die Beschäftigung mit dem Thema besitzt hohen Aufforderungscharakter für die Schüler und lädt zu einer Ausweitung als Projektarbeit ein: Befragen von Großeltern, Mitbringen und Ausstellen von älteren Spielsachen …

Verschiedene Schreibgeräte

Pädagogische Zielsetzung
– Kennenlernen verschiedener Schreibgeräte aus Uromas Schulzeit
– Ausprobieren der Materialien

Material und Anwendung

Herstellung / Beschaffung
– Schiefertafel, Griffel, Schwammdöschen, Tafellappen
– Federhalter, Feder und Tintenfass
– Kolbenfüller
– Hefte mit unterschiedlicher Lineatur
– Schreibübungsblätter (Sütterlinschrift, deutsche Schrift)
– kurze Texte zum Abschreiben
– Tabelle zum Eintragen der Beobachtungen

Einsatz und Handhabung
– Ausprobieren der verschiedenen Schreibgeräte
– Texte abschreiben
– Tabelle ausfüllen

Variation
– entfällt

Kontrolle
– entfällt

☞ Tipp
– Schreibübungsblätter von Pelikan AG, 30001 Hannover, Postfach 1 03

Sachkunde   Kind und Verkehr

Verkehrszeichen-Memory

Pädagogische Zielsetzung

- wichtige Verkehrszeichen kennen lernen
- Schulung von Gedächtnis und Konzentrationsfähigkeit

Material und Anwendung

Herstellung / Beschaffung

- Ravensburger Spiel: Verkehrszeichenmemory:
  Situationskärtchen (fotografische Darstellung)
  Zeichenkärtchen (grafische Darstellung)
- Rückseite der Situationskärtchen beschriften mit der genauen Bedeutung des Zeichens

Einsatz und Handhabung

- Auslegen der Situationskärtchen (Text sichtbar)
- Auslegen der Zeichenkärtchen (grafische Darstellung sichtbar)
- Zuordnen von Text und Zeichenkärtchen

Variation – entfällt

Kontrolle

- Die Rückseite des Textkärtchens und das Zeichenkärtchen passen zusammen.

☞ Tipp

- Auf Flohmärkten gibt es oft preiswerte Kinderspiele.

Beschreibungsrätsel: Verkehrszeichen

Pädagogische Zielsetzung

- wichtige Verkehrszeichen kennen lernen
- sinnentnehmendes Lesen

Material und Anwendung

Herstellung / Beschaffung

- verschiedene Verkehrszeichen aus Holz (erhältlich in guten Spielwarenläden)
- Textkärtchen

Einsatz und Handhabung

- Aufstellen der Verkehrszeichen
- Lesen der Rätsel
- Zuordnen von Text und Zeichen
- Kontrollieren

Variation

- Partnerspiel

Kontrolle

- Auf der Rückseite der Rätselkarte befindet sich die Abbildung des gesuchten Zeichens.

☞ Tipp

- Kopiervorlage für die Rätsel im Anhang (S. 127)

Sachkunde — Kind und Gemeinschaft

Ausrüstung und Aufgaben der Feuerwehr

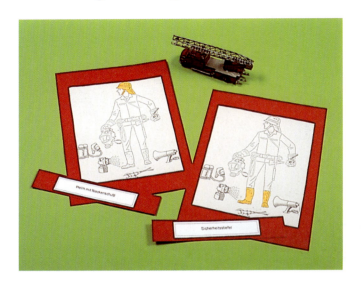

Pädagogische Zielsetzung

- Einblick in eine öffentliche Einrichtung
- Kennenlernen von Ausrüstung und Aufgaben der Feuerwehr

Material und Anwendung

Herstellung / Beschaffung

- Bild eines Feuerwehrmannes
- farbige Kennzeichnung jeweils eines Ausrüstungsgegenstandes
- Wortkarten
- Bilder von Einsätzen der Feuerwehr (Plakate zum Zerschneiden kostenlos bei der örtlichen Feuerwehr)
- Textkarten
- evtl. Spielzeugautos usw.
- zwei Arbeitsblätter

Einsatz und Handhabung

- Zuordnen der Bild- und Wort- bzw. Textkarten
- Beschriften der Arbeitsblätter

Variation

- Sammeln von Zeitungsnotizen über Einsätze der örtlichen Feuerwehr

Kontrolle

- farbige Markierung auf der Rückseite der Karten

Sachkunde   Kind und Heimat

Kennst du deine Heimat?

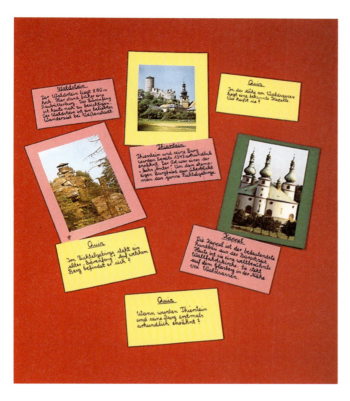

Pädagogische Zielsetzung

– Kennenlernen von Sehenswürdigkeiten und Freizeitangeboten in der näheren Umgebung

Material und Anwendung

Herstellung / Beschaffung
- Abbildungen aus Fremdenverkehrsprospekten
- Karten mit Quizfragen
- Kontrollkarten

Einsatz und Handhabung
- Betrachten der Bilder
- Lesen der Fragetexte
- Beantworten und Kontrollieren
- Abschreiben der Texte

Variation
- Bearbeiten im Partnerspiel
- Anlegen eines Heimatheftchens

Kontrolle
- nummerierte Kontrollkarten

☞ **Tipp**

Anlegen in einem Fotoklappalbum

Bayernrätsel

Pädagogische Zielsetzung

– Orientierung im erweiterten heimatlichen Raum

Material und Anwendung

Herstellung / Beschaffung
- Ansichtskarten aus verschiedenen bekannten Städten Bayerns, beschriftet mit einem Text in Rätselform (z. B. Passau: „Die Stadt wird Dreiflüssestadt genannt. Hier fließen Donau, Inn und Ilz zusammen. Der Ort liegt in der Nähe des Bayerischen Waldes und ist nur 25 km von der Grenze nach Österreich entfernt. Wie heißt diese Stadt? Suche sie auf der Bayernkarte!")
- Unkenntlichmachen des Poststempels
- Bayernkarte
- stumme Karte

Einsatz und Handhabung
- Auswählen einer Karte
- Lesen des Rätsels
- Suchen der Lösung mithilfe der Landkarte
- Eintrag in die stumme Karte

Variation
- Ausweitung auf Europa bzw. die Urlaubsorte der Schüler (Briefmarke als Orientierungshilfe)

Kontrolle
- entfällt

☞ **Tipp**

Anstelle von Ansichtskarten ließe sich auch das kostenlose Prospektmaterial der Verkehrsämter verwenden. Hier fehlt allerdings der Realitätsbezug, der sehr motivierend wirkt.

Sachkunde — Kind und Heimat

Regierungsbezirke in Bayern

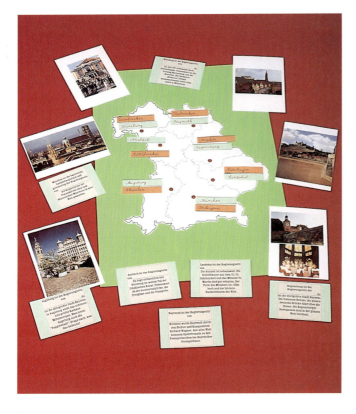

Pädagogische Zielsetzung

- Orientierung im erweiterten heimatlichen Raum

Material und Anwendung

Herstellung / Beschaffung

- Bayernkarte auf Karton kleben, mit Folie überziehen
- Wortkarten, beschriftet mit den Namen der Regierungsbezirke
- Wortkarten, beschriftet mit den Namen der Regierungssitze
- Textkarten
- Fotos

Einsatz und Handhabung

- Auflegen der Städtenamen
- Auflegen der Regierungsbezirke
- Zuordnen der Fotos und Textkarten

Kontrolle

- entfällt

Wappen der Bundesländer

Pädagogische Zielsetzung

- Kennenlernen der Wappen der Bundesländer Deutschlands
- Informationen aus Texten entnehmen

Material und Anwendung

Herstellung / Beschaffung

- Wandzeitung „Gesellschaft und Staat 4/91" zerschneiden
- Wappen auf Karton kleben
- den Namen des Bundeslandes auf die Rückseite schreiben
- Texte zu den einzelnen Wappen erstellen oder kopieren

Einsatz und Handhabung

- Auslegen der Wappen
- Lesen der Texte
- Zuordnen von Text und Bild

Variation

- Abzeichnen der Wappen
- Abschreiben der Texte
- Anlegen eines Wappenbüchleins

Kontrolle

- Namen der Bundesländer auf der Rückseite der Wappen

☞ Tipp

Die Wandzeitung und ein dazugehöriges Textheft ist kostenlos erhältlich bei der Bayerischen Landeszentrale für politische Bildungsarbeit, Brienner Straße 41, 80333 München, Tel.: 0 89/2 16 50

Sachkunde │ Kind und Europa

Urlaubskisten

Pädagogische Zielsetzung

- Kennenlernen und Verstehen der Lebensweise von Menschen in anderen Ländern
- Anbahnen von Interesse für fremde Gebiete und Länder

Material und Anwendung

Herstellung / Beschaffung

- Sammlung verschiedener Souvenirs aus dem Urlaub (Muscheln, Steine, Reiseandenken, Geldschein, Münzen, Briefmarken, Flagge, Nationalitätenkennzeichen …)
- Ansichtskarten, Bilder aus Prospekten
- Wort- und Textkarten
- Landkarten

Einsatz und Handhabung

- Betrachten der Gegenstände
- Zuordnen der Wortkarten
- Lesen und Zuordnen der Textkarten
- Suchen der Orte auf der Karte
- Bestimmen möglicher Reisewege usw.

Variation

- Erweiterung durch die Schüler

Kontrolle

- entfällt

☞ Tipp

Ausländische Schüler legen (evtl. mithilfe der Lehrkraft) eine Informationskiste über ihr Heimatland an. Das weckt Interesse und Neugier der Mitschüler und fördert das Verständnis.

Hauptstädte und berühmte Bauwerke

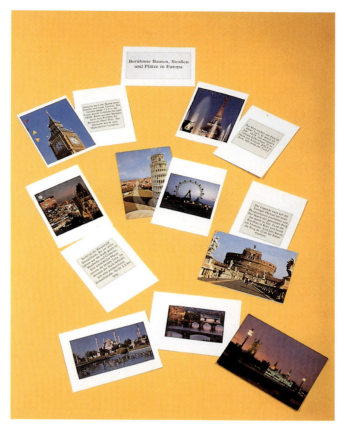

Pädagogische Zielsetzung

- Kennen und Benennen der europäischen Hauptstädte
- Kennen und Benennen bekannter Bauwerke Europas

Material und Anwendung

Herstellung / Beschaffung

- Städtebilder und Abbildungen berühmter Bauwerke in Europa (Reiseprospekte, Zeitschriften) ausschneiden und auf Karton kleben
- Wortkarten
- Textkarten

Einsatz und Handhabung

- Auslegen der Karten
- Lesen der Texte
- Zuordnen von Wort- und Textkarten

Variation

- Suchen der Orte auf der Europakarte

Kontrolle

- farbige Markierung auf der Rückseite der Karten

Sachkunde — Kind und Welt

So leben Kinder anderswo

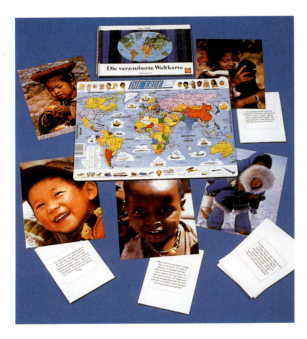

Pädagogische Zielsetzung

- Einblick in die Lebensweise ausländischer Kinder gewinnen
- sinnentnehmendes Lesen

Material und Anwendung

Herstellung / Beschaffung

- Kalender zerschneiden (hier: UNICEF-Kalender 1990/91)
- Weltkarte kopieren, vergrößern, aufkleben
- Texte zu den jeweiligen Kindern verfassen (oder kopieren)

Einsatz und Handhabung

- Texte lesen
- Bilder zuordnen
- Suchen des Erdteils bzw. des Landes auf der Weltkarte

Variation

- Globus einsetzen

Kontrolle

- Auf der Rückseite der Kinderfotos befindet sich die Abbildung der gesuchten Behausung

☛ **Tipp**

- Kopiervorlage für die Weltkarte im Anhang (S. 128)
- „Wie leben Kinder anderswo?" – Informationsreihe des Evangelischen Missionswerks (EMW), Normannenweg 17–21, 20537 Hamburg, Tel. 040/25 45 60. – Diese Broschüre gibt es kostenlos.

Edle Steine aus aller Welt

Pädagogische Zielsetzung

- Bestimmen unterschiedlicher Mineralien
- Zuordnen des rohen Minerals zur getrommelten bzw. geschliffenen Version

Material und Anwendung

Herstellung / Beschaffung

- zwei Sortierkästen, beschriftet mit den Namen der Mineralien
- Mineraliensammlung: rohes Mineral und dazugehöriges getrommeltes Mineral
- Bestimmungsbuch (z. B. Wir entdecken und bestimmen Gesteine. Ravensburger 1987)
- Bestimmungskarte: Edelsteine aus aller Welt (erhältlich im Spielwarenhandel)

Einsatz und Handhabung

- Einordnen der Mineralien mithilfe von Bestimmungsbuch und Bestimmungskarte
- Zuordnen von Rohmaterial und getrommeltem Mineral

Variation

- zu einzelnen Mineralien Zeichnungen anfertigen und den dazugehörigen Text aus dem Bestimmungsbuch abschreiben
- Herkunftsländer auf dem Globus suchen

Kontrolle

- entfällt

Sachkunde | Kind und Welt

Muscheln und Schnecken

Pädagogische Zielsetzung

- unterschiedliche Muscheln und Schnecken kennen lernen
- Bestimmen der Schalen

Material und Anwendung

Herstellung / Beschaffung

- Muschel- und Schneckensammlung (Schalen)
- Sortierkasten
- Bestimmungsbuch
- Arbeitsblatt

Einsatz und Handhabung

- mithilfe des Bestimmungsbuches nach Muscheln und Schnecken sortieren
- die passenden Schalen den Abbildungen auf dem Arbeitsblatt zuordnen
- den dazugehörigen Text aus dem Bestimmungsbuch aufschreiben

Variation

- Muscheln bzw. Schnecken zeichnen

Kontrolle

- entfällt

☛ Tipp

Preiswertes und handliches Bestimmungsbuch mit verständlichen Texten erschienen im Moewig Verlag 1991: Muscheln. Illustriertes Handbuch zur Bestimmung der häufigsten Arten.

Sachkunde — Kind und Kosmos

Sternbilder

Pädagogische Zielsetzung

- Erfahren, dass Sternbilder in bestimmter Anordnung am Himmel stehen
- Kennenlernen der Symbole von Sternbildern
- Einprägen der Form der hellsten Sternbilder

Material und Anwendung

Herstellung / Beschaffung

- Sternbildkarten (hier aus: „Die Sternhimmel-Box" ars-edition)
- Himmelskarte
- Stecknadeln
- blauer Karton
- gelbe Klebepunkte

Einsatz und Handhabung

- Lesen der Information auf der Sternbildkarte
- Auflegen der Karte auf blauen Karton
- Durchstechen der Sternabbildungen mit Stecknadeln
- Aufkleben der gelben Punkte auf die Einstichstellen im blauen Karton
- Suchen des Sternbildes auf der Himmelskarte

Variation

- Anlegen eines „Sternbildheftchens"
- Abschreiben der Texte

Kontrolle

- Vergleich mit der Vorlage

☛ Tipp

Preiswerte Alternative: „Das Sternenbuch für große und kleine Sterngucker" – Heftchen mit Kassette vom Coppenrath Verlag

Statt des blauen Kartons können blau eingefärbte Styroporplatten und zum Nachstecken der Sternbilder Stecknadeln mit gelben Köpfen verwendet werden.

Musischer Bereich | Musik

Kartenspiel: 4/4-Takt

Pädagogische Zielsetzung
– Kennenlernen einiger wichtiger Zeichen der Notenschrift

Material und Anwendung

Herstellung / Beschaffung
– Blankokarten mit „rhythmischen Bausteinen" beschriften oder bekleben

Einsatz und Handhabung
Partner- oder Gruppenspiel:
– Mischen und Austeilen der Karten
– Betrachten der eigenen Karten
– offenes Ablegen vollständiger Vierertakte
– reihum: Ziehen einer Karte vom Nachbarn, überprüfen, evtl. ablegen
Sieger ist, wer zuerst keine Karten mehr hat.

Variation
– Klatschen des abgelegten Vierertaktes

Kontrolle
– durch die Mitspieler

☛ **Tipp**
Kopiervorlagen für die Spielkarten im Anhang (S. 129f.)

Lochkasten: Instrumente

Pädagogische Zielsetzung
– Kennen und Benennen verschiedener Musikinstrumente

Material und Anwendung

Herstellung / Beschaffung
– Abbildungen von Instrumenten
– Lochkasten
– Lochkarten, das Loch beim richtigen Ergebnis ausschneiden
– Stöpsel

Einsatz und Handhabung
– Betrachten des Bildes
– Lesen der Namen
– Setzen des Stöpsels
– Herausziehen der Karte

Variation
– Partnerarbeit: Wer zieht die meisten Karten?

Kontrolle
– nur bei richtiger Antwort lässt sich die Karte ziehen

☛ **Tipp**
Bauanleitung für Lochkästen in „Hilf mir, es selbst zu tun!", S. 120

Musischer Bereich — Musik

Komponisten und ihre Werke

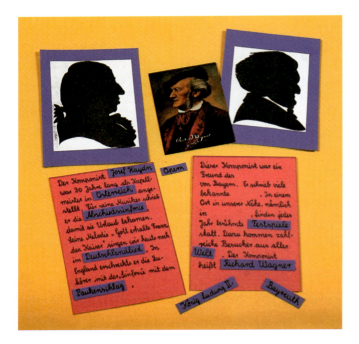

Pädagogische Zielsetzung

- Kennenlernen einiger Lebensdaten und -stationen bekannter Komponisten

Material und Anwendung

Herstellung / Beschaffung
- Abbildungen von Komponisten, die aus dem Musikunterricht bekannt sind
- Namenskarten
- Textkarten
- Fragekarten

Einsatz und Handhabung
- Lesen der Texte
- Zuordnen von Bildern und Namenskarten
- Beantworten der Quizfragen

Variation
- Beantworten der Fragen in Partnerarbeit
- Ausweitung: Hörbeispiele auf Kassette

Kontrolle
- farbige Markierung auf der Rückseite der Bild- und Wortkarten
- Lösung der Fragen auf der Rückseite der Fragekarten

☛ Tipp
Abbildungen und weitere Materialien finden Sie in dem Buch von Bachmeyer u. a.: Mozart & Co. (Auer Verlag).

III.
Anhang

Kopiervorlagen

Mundstellungen	97
Ich lebe in Wald und Feld	98
Wer sagt das?	99
Wie heißt das noch?	100
Märchenexperte	102
Lesekönig	105
Schreiben macht Spaß	106
Wortsammlung: Fremdwörter	107
Wortsammlung: Lehnwörter	107
Vorgangsbeschreibung: „Schuhe putzen"	108
Zusammengesetzte Namenwörter	109
Lochkarte: Gegensätze finden Beispiel und Wortsammlung	111
Zeitstufenpuzzle	112
Zeitstufen würfeln	114
Blumenwiese	115
Lehrgang: Römische Zahlen	116
Domino: Römische Zahlen	118
Beschreibungsrätsel: Geometrische Körper	119
Auftragskarten: Geometrische Körper	120
Konstruktive Dreiecke	121
Schwimmen und Sinken	122
Leiter und Nichtleiter	123
Magnete	124
Geburtstagskette	126
Rätsel: Verkehrszeichen	127
So leben Kinder anderswo	128
Kartenspiel: $\frac{4}{4}$-Takt	129

Kopiervorlage: Mundstellungen

Kopiervorlage: Ich lebe in Wald und Feld

Ich lebe als Larve mehrere Jahre in der Erde. Im Monat Mai kann man mich jedoch durch die Luft fliegen sehen.	Viele Menschen haben Angst vor mir, weil ich einen giftigen Stachel habe und laut brumme. Doch ich bin sehr nützlich, und wer mir nichts tut, den steche ich auch nicht.	Ich lebe im Wald oder auf dem Feld. Ich bin eines der häufigsten Wildtiere. Ich habe flinke Beine, doch Jäger und Gifte sind für mich eine große Bedrohung.
Ich baue meine Höhlen im Wald. Mit meinem gestreiften Kopf bin ich gut erkennbar.	Ich gehöre wie Adler, Falke oder Bussard zu den Greifvögeln. Von mir gibt es in freier Natur nur noch wenige.	Ich lebe im Wasser und ernähre mich von Pflanzen, Insekten oder Würmern. Mein Kopf ist grün. Um den Hals habe ich einen weißen Ring.
Ich lebe im dichten Gebüsch oder im Wald. Meine Nahrung sind Insekten, Beeren und Samen. Ich kann schön singen. Man erkennt mich an meiner orangeroten Brust, Kehle und Stirn.	Ich lebe im Wald. Als junges Tier hat mein Fell weiße Punkte. Der Fuchs ist mein Feind. Gefährlicher sind aber für mich die Autofahrer und die Mähmaschinen der Bauern.	Ich sehe aus wie eine Schlange, bin aber eine Eidechse, die keine Beine hat. Ich bin absolut ungefährlich. Berühren darf man mich nicht, sonst werfe ich meinen Schwanz ab.
Ich jage in der Nacht Insekten und bin für die Menschen und für die Natur deshalb sehr nützlich. Ich kann schnell und lautlos fliegen. Zu Unrecht finden mich manche Menschen gruselig.	Ich bin rot und habe schwarze Punkte. Mit zwei harten und zwei durchsichtigen Flügeln kann ich gut fliegen. Blattläuse sind meine Lieblingsspeise. An manchen Tagen fresse ich bis zu hundert Läuse.	Ich lebe im Wald oder im Park. Mein Nest baue ich ganz oben in den Bäumen. Ich habe einen buschigen Schwanz, der mir beim Springen hilft. Beeren, Nüsse und Pilze knabbere ich gerne.

Kopiervorlage: Wer sagt das?

Die Rosen brauchen lockere Erde und viel Licht.	Darf es noch etwas sein?
Soll ich den Schuh eine Nummer größer holen?	Reich mir bitte die Steine zu.
In fünf Minuten ist das Schnitzel fertig.	Hat es Ihnen geschmeckt?
Die Farbe reicht genau für das Zimmer.	Hier ist ein Einschreiben für Sie.
Öffne den Mund ganz weit.	Haben Sie Temperatur?
Die Fahrkarten bitte vorzeigen!	Der Nächste bitte!
Haben Sie das Stoppschild nicht gesehen?	Schaut an die Tafel!
Das Getreide muss bald geerntet werden.	Den Rock kann ich noch etwas kürzen.
Die Absätze sind schief gelaufen.	Tropft der Wasserhahn schon lange?
Die Fichtenschonung muss eingezäunt werden.	Zuerst hobeln wir die Bretter.

Kopiervorlage: Wie heißt das noch?

Baby	Kamin	Möhre	Orange
Säugling	Schornstein	Karotte	Apfelsine
Semmel	Urwald	Spatz	Bauer
Brötchen	Dschungel	Sperling	Landwirt
Pferd	Grapefruit	Brett	Fahne
Gaul	Pampelmuse	Bohle	Banner
Wipfel	Etui	Trage	Schweinshaxe
Baumkrone	Hülle	Bahre	Eisbein

100

Kopiervorlage: Wie heißt das noch?

Gardine	Globus	Eigelb	Briefmarke
Vorhang	Erdball	Dotter	Postwertzeichen
Schulanfänger	Geige	Mauer	Topf
Abc-Schütze	Violine	Wall	Pott
Glocke	Raum	Fleischer	Porree
Schelle	Zimmer	Metzger	Lauch
Arznei	Fluss	Ableger	Imbiss
Medikament	Strom	Setzling	Zwischenmahlzeit

Kopiervorlage: Märchenexperte

„Das ist ja zum Lachen, du mit deinen schiefen Beinen!", sagte der Hase, „aber meinet-
wegen mag's sein, wenn du so übergroße Lust hast. Was gilt die Wette?"

Wenn sie nun die Stimme der Zauberin vernahm, band sie ihre Zöpfe los, wickelte sie oben
um einen Fensterhaken und dann fielen ihre Haare zwanzig Ellen tief herunter, und die
Zauberin stieg daran herauf.

Der Jäger ging eben an dem Hause vorbei und dachte: „Wie die alte Frau schnarcht!
Du musst doch sehen, ob ihr etwas fehlt!"

Im Schlosshof sah er die Pferde und scheckigen Jagdhunde liegen und schlafen, auf dem
Dach saßen die Tauben und hatten das Köpfchen unter die Flügel gesteckt. Und als er ins
Haus kam, schliefen die Fliegen an der Wand, der Koch in der Küche hielt noch die Hand,
als wollte er den Jungen anpacken, und die Magd saß vor dem schwarzen Huhn, das
gerupft werden sollte.

Nun besann sich die Königin die ganze Nacht über auf alle Namen, die sie jemals gehört
hatte, und schickte einen Boten über Land, der sollte sich erkundigen weit und breit, was
es sonst noch für Namen gäbe.

Den Tag über war das Mädchen allein, da warnten es die guten Zwerglein und sprachen:
„Hüte dich vor deiner Stiefmutter, die wird bald wissen, dass du hier bist; lass ja niemand
herein!"

Kopiervorlage: Märchenexperte

Indes stieg der Geruch von dem süßen Mus hinauf an die Wand, wo die Fliegen in großer Menge saßen, sodass sie herangelockt wurden und sich scharenweise darauf niederließen.

Einem reichen Mann wurde seine Frau krank und als sie fühlte, dass ihr Ende herankam, rief sie ihr einziges Töchterlein zu sich ans Bett und sprach: „Liebes Kind, bleibe fromm und gut, so wird dir der liebe Gott immer beistehen und ich will vom Himmel auf dich herabblicken und will um dich sehen."

Es war einmal mitten im Winter und die Schneeflocken fielen wie Federn vom Himmel herab, da saß eine Königin an einem Fenster, das einen Rahmen von schwarzem Ebenholz hatte, und nähte.

Es war einmal eine kleine süße Dirne, die hatte jedermann lieb, der sie nur ansah, am allerliebsten aber ihre Großmutter; die wusste gar nicht, was sie alles dem Kinde geben sollte.

Als der Tag anbrach, noch ehe die Sonne aufgegangen war, kam schon die Frau und weckte die beiden Kinder. „Steht auf, ihr Faulenzer, wir wollen in den Wald gehen und Holz holen!" Dann gab sie jedem ein Stückchen Brot und sprach: „Da habt ihr etwas für den Mittag, esst es nicht vorher auf, weiter kriegt ihr nichts!"

Da kam der Fisch angeschwommen und sagte: „Na, was will sie denn!" „Ach", sagte der Mann, „ich hatte dich doch gefangen gehabt und meine Frau sagt, ich hätte mir auch etwas wünschen sollen. Sie mag nicht mehr in einem Topfe wohnen, sie möchte gerne eine Hütte haben."

103

Kopiervorlage: Märchenexperte

Es dauerte nicht lange, so klopfte jemand an die
Haustür und rief: „Macht auf, ihr lieben
Kinder, eure Mutter ist da und hat jedem von
euch etwas mitgebracht!"

Die Räuber fuhren bei dem entsetzlichen Geschrei in die Höhe, meinten nicht anders, als
ein Gespenst käme herein und flohen in größter Furcht in den Wald hinaus. Nun setzten
sich die vier Gesellen an den Tisch, nahmen mit dem vorlieb, was übrig geblieben war, und
aßen, als wenn sie vier Wochen hungern sollten.

„Weißt du was", sagte der Reiter, „wir wollen tauschen; ich gebe dir mein Pferd und du
gibst mir deinen Klumpen."

Nun trug es sich einmal zu, dass die goldene Kugel der Königs-Tochter nicht in ihr
Händchen fiel, das sie in die Höhe gehalten hatte, sondern vorbei auf die Erde schlug und
geradezu ins Wasser hineinrollte. Die Königstochter folgte ihr mit den Augen nach, aber
die Kugel verschwand und der Brunnen war tief, so tief, dass man keinen Grund sah.

Der Zauberer ward ganz freundlich bei den süßen Worten und sagte: „O ja, liebes
Kätzchen, das kann ich auch", und sprang als Maus im Zimmer umher.

104

Kopiervorlage: Lesekönig (Vorder- und Rückseite)

Hast du 5 Sternchen
gesammelt, so darfst du
auswählen:

1. _____

2. _____

oder

3. _____

Lesekönig

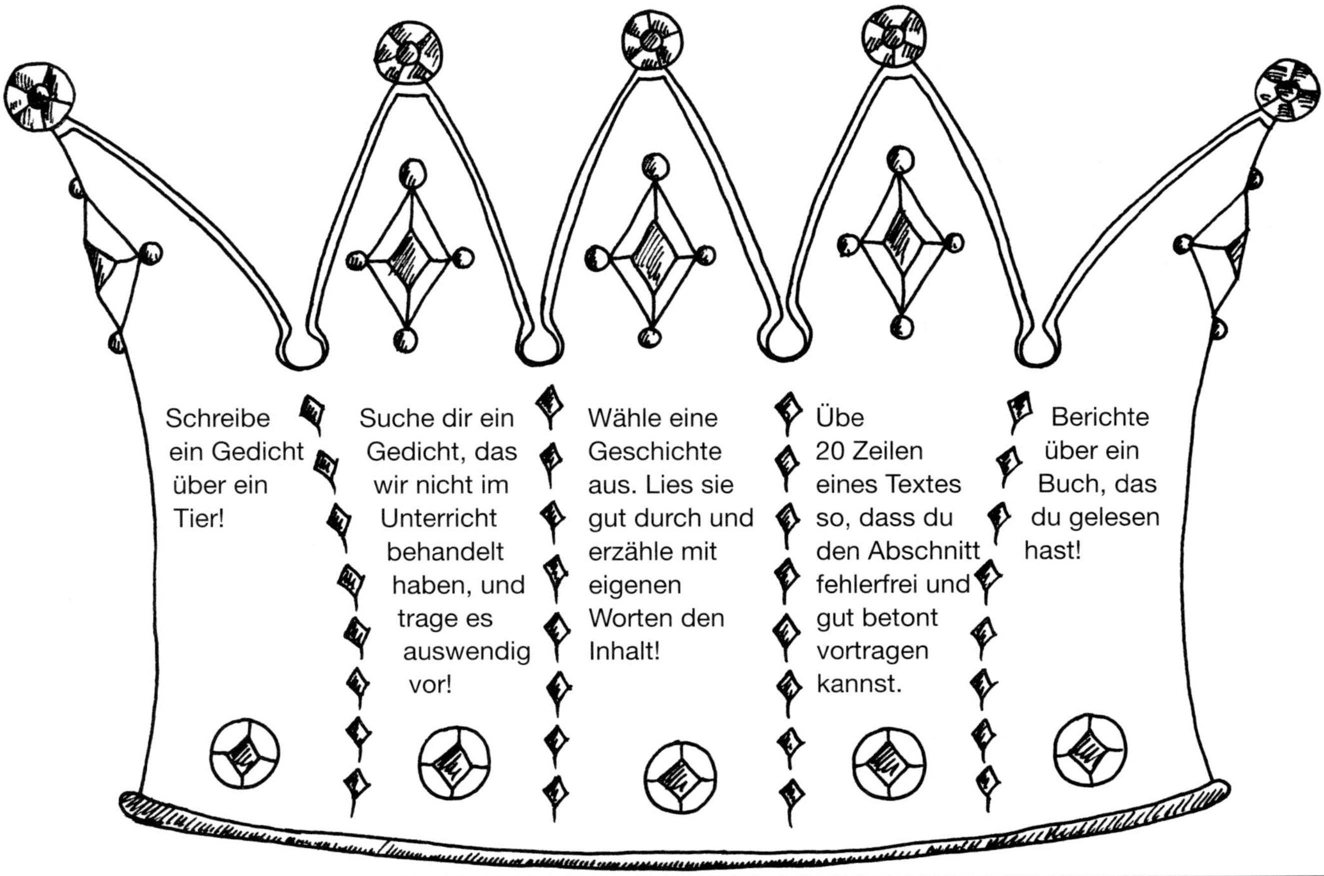

Schreibe ein Gedicht über ein Tier!

Suche dir ein Gedicht, das wir nicht im Unterricht behandelt haben, und trage es auswendig vor!

Wähle eine Geschichte aus. Lies sie gut durch und erzähle mit eigenen Worten den Inhalt!

Übe 20 Zeilen eines Textes so, dass du den Abschnitt fehlerfrei und gut betont vortragen kannst.

Berichte über ein Buch, das du gelesen hast!

105

Kopiervorlage: Schreiben macht Spaß

Aus einer kleinen Raupe schlüpft ein schöner Schmetterling. Leicht und zart flattert er in die Luft.

Auf dem Baum sitzt ein brauner Vogel. Er sitzt den ganzen Tag. Ich höre gerne zu.

Wir laufen durch die Wiese bis zum Wald. Dort ist ein Bach. Wir sammeln Steine.

Im Hof ist eine kleine schwarze Katze. Sie schleckt Milch.

Im Dorf ist ein Teich. Dort schwimmt jeden Tag eine Ente mit ihren Kindern.

Im Keller sitzt eine Maus. Mit ihren runden kleinen Augen schaut sie mich an. Sie hat Angst.

In der Schule malen die Kinder ein Bild. Sie malen einen Baum mit grünen Blättern und roten Äpfeln.

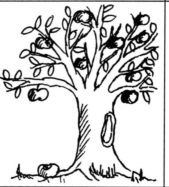

Ich male mein Gesicht. Zuerst die Augen, dann die Nase und den Mund und die Ohren.

Mutter und Vater sitzen auf der Bank vor dem Haus. Ich spiele mit meinem Hund im Gras.

Heute fahren wir nicht mit dem Auto in die Stadt. Wir nehmen den Zug. Das finde ich gut.

Kopiervorlage: Wortsammlung: Fremdwörter

Labor	Raum für Versuche
Automat	er gibt nach Münzeinwurf Waren aus
Bagger	ein Gerät zum Abtragen der Erde
Experiment	ein Versuch, ein Wagnis
Globus	die Erdkugel
Interview	eine gezielte Befragung
Computer	ein elektronischer Rechner
Information	das vermitteln Zeitung und Fernsehen
Katastrophe	ein Unglück von großem Ausmaß
Tourist	er verbringt den Urlaub im Ausland
Maschine	ein Gerät, das die Arbeit erleichtert
Garage	Unterstellplatz für das Auto
Fabrik	der Arbeitsplatz vieler Menschen

Kopiervorlage: Wortsammlung: Lehnwörter

mater	die Mutter	stella	der Stern
nox	die Nacht	scola	die Schule
mus	die Maus	pater	der Vater
fluvius	der Fluss	sal	das Salz
tabula	der Tisch	ager	der Acker
planta	die Pflanze	nux	die Nuss
vinum	der Wein	rosa	die Rose
nebula	der Nebel	semen	der Samen
leo	der Löwe	ventus	der Wind
fenestra	das Fenster	cuculus	der Kuckuck
natura	die Natur	piscis	der Fisch

Kopiervorlage: Vorgangsbeschreibung: „Schuhe putzen"

Den Arbeitsplatz vorbereiten: abwaschbare Unterlage, Zeitungsbogen bereitlegen

alle benötigten Werkzeuge und Gegenstände in der richtigen Reihenfolge anordnen

Bürste auswählen und Schmutz entfernen

Dose mit Schuhcreme öffnen

Schuhe mit Creme einreiben

Schuhcreme antrocknen lassen

Schmutz wegbringen, Werkzeug einräumen

mit weicher Bürste nachbürsten

polieren

Kopiervorlage: Zusammengesetzte Namenwörter (1)

109

Kopiervorlage: Zusammengesetzte Namenwörter (2)

Butter	Schuh	Schlitten
Stuhl	Schnee	Gewitter
Wand	Wein	Haus
Garten	Sommer	Welt
Wagen	Stroh	Tee
Ritter	Obst	Fuß

Kopiervorlage: Lochkarte, Beispiel „Gegensätze finden"

Wie heißt das Gegenteil?

hell	schwarz ○	dunkel ○
locker	fest ○	eng ○
heiß	warm ○	kalt ○
hoch	tief ○	weit ○
dick	dünn ○	kräftig ○
hässlich	schön ○	hübsch ○

Wortsammlung für weitere Lochkarten

müde:	wach, heiter	lustig:	traurig, müde
gut:	böse, frech	trocken:	nass, feucht
weit:	eng, klein	dumm:	klug, gut
neu:	alt, kaputt	heiter:	ernst, still
lang:	kurz, klein	leicht:	schwer, massig
jung:	alt, neu	langsam:	schnell, eilig
nah:	fern, groß	rauh:	glatt, flach
spitz:	stumpf, weich	breit:	schmal, eng
süß:	sauer, salzig	hungrig:	satt, gefräßig
laut:	leise, still	langweilig:	interessant, aufregend
fein:	grob, zäh	sauber:	schmutzig, fleckig

Kopiervorlage: Zeitstufenpuzzle (1)

1. Person Einzahl 1. Vergangenheit	2. Person Einzahl Gegenwart	3. Person Mehrzahl 2. Vergangenheit	1. Person Einzahl Zukunft
3. Person Einzahl sächlich Zukunft	1. Person Einzahl 2. Vergangenheit	2. Person Einzahl 2. Vergangenheit	3. Person Mehrzahl Gegenwart
3. Person Einzahl weiblich Zukunft	1. Person Mehrzahl 1. Vergangenheit	2. Person Mehrzahl 2. Vergangenheit	2. Person Mehrzahl Zukunft

ich kroch	du wanderst	sie sind gegangen	ich werde kommen
es wird schneien	ich habe gesprochen	du hast gehört	sie klopfen
sie wird gewinnen	wir saßen	ihr seid geschlichen	ihr werdet springen

Kopiervorlage: Zeitstufenpuzzle (2)

2. Person Mehrzahl 1. Vergangenheit	3. Person Einzahl männlich Gegenwart	1. Person Einzahl 1. Vergangenheit	2. Person Mehrzahl 2. Vergangenheit
1. Person Mehrzahl 1. Vergangenheit	1. Person Mehrzahl Zukunft	2. Person Einzahl Gegenwart	1. Person Einzahl Zukunft
3. Person Einzahl sächlich Gegenwart	2. Person Mehrzahl Gegenwart	3. Person Mehrzahl 2. Vergangenheit	3. Person Einzahl weiblich 1. Vergangenheit

ihr suchtet	er schweigt	ich flüsterte	ihr habt gebremst
wir vergaßen	wir werden klettern	du spinnst	ich werde aufräumen
es weihnachtet	ihr löscht	sie haben erwidert	sie berichtete

Kopiervorlage: Arbeitsblatt zu „Zeitstufen würfeln"

1. Nimm beide Naturholzwürfel!
2. Wähle einen bunten Würfel aus!
3. Würfle mit allen dreien!
4. Trage in die Tabelle ein, was auf den Würfeln steht!
5. Bilde die entsprechende Form des Zeitwortes und trage die Lösung ein!

Beispiel:

schlafen   er   1. Ver-gangen-heit

Lösung:
er schlief

Zeitwort	Fürwort	Zeitstufe	Lösung

Kopiervorlage: Blumenwiese

Kopiervorlage: Lehrgang „Römische Zahlen" (1)

Unsere Zahlzeichen stammen aus Indien. Arabische Kaufleute haben sie im Mittelalter nach Europa gebracht. Man nennt sie daher arabische Zahlen.	Vorher rechnete man bei uns mit römischen Zahlen. Römische Zahlzeichen findet man heute noch auf Zifferblättern von Uhren und an alten Gebäuden.
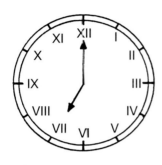	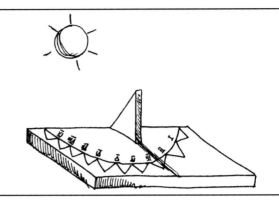
	Die Römer hatten nur sieben Zahlzeichen: I = 1 V = 5 X = 10 L = 50 C = 100 D = 500 M = 1000
Nach welchen Regeln haben die Römer gebündelt? Gib die Operatoren an: 1000 – 500 – 100 – 50 – 10 – 5 – 1	Die römischen Zahlzeichen werden nach bestimmten Regeln hintereinander gesetzt. Dabei dürfen die Zeichen I, X, C höchstens dreimal vorkommen, das Zeichen M beliebig oft. Die Zeichen V, L, D dürfen in einer Zahl nur zweimal vorkommen.
Schreibe mit arabischen Ziffern: III XX CCC V XXX MMMM II	Schreibe mit römischen Ziffern: 2 30 200 500 5 5000 50

Kopiervorlage: Lehrgang „Römische Zahlen" (2)

Steht eine kleinere Zahl rechts neben einer größeren, so wird sie addiert. Steht sie links, so wird sie subtrahiert. VI = 6, die kleinere Zahl steht rechts! IV = 4, die kleinere Zahl steht links!	Schreibe mit arabischen Ziffern: VI VIII IV XI IX LX LXXI CLXVII
Beim Zusammensetzen der Zeichen darf I nur vor V oder X stehen, X nur vor L oder C stehen, C nur vor D oder M stehen	Schreibe mit arabischen Ziffern: IV IX XL XC CD CM CM XIX XLIV XCII
Welche Zahlen sind es? CXLVI CCXCIX CDXX CDLXXIX CMXIV CMXLI	Schreibe mit römischen Ziffern: 14 29 42 95 440 990 249 494
Zeichne das Zifferblatt einer Uhr mit römischen Zahlzeichen:	Lies folgende Inschriften („Anno domini" heißt „Im Jahre des Herrn"): Anno domini MDXC Anno domini MCCXLVII CMXLI
Wie ist das möglich? Die Hälfte von 12 ist 7!	Lege mit 4 Hölzchen 1000!

Kopiervorlage: Domino „Römische Zahlen"

Start	X	10	V
5	C	100	M
1000	L	50	D
500	I	1	XI
11	XV	15	MMM
3000	XXX	30	VII
7	MCXI	1111	CI
101	DCC	700	DXX
520	LX	60	LXXIII
73	XXVII	27	Ziel

Kopiervorlage: Beschreibungsrätsel: Geometrische Körper

Ich habe zwei runde Grundflächen, kann rollen und kippen.	Ich habe drei Seitenflächen. Meine Grundfläche ist ein Dreieck.
Ich habe sechs gleich große Flächen.	Ich habe acht Ecken, vier rechteckige und zwei quadratische Flächen.
Ich habe eine Spitze. Meine Grundfläche ist rund.	Ich bin rund. Ich kann rollen und man kann mich drehen.
Ich kann nicht stehen. Meine Fläche ist gekrümmt. An einer Seite bin ich dicker als an der anderen.	Meine Flächen sind rechteckig und dreieckig. Ich kann kippen.
Ich habe eine Spitze. Meine Grundfläche ist quadratisch, meine Seitenflächen sind dreieckig.	Ich kann rollen und mich drehen, aber nicht stehen. Meine Fläche ist gekrümmt. Ich habe eine gleichmäßige Form.

Kopiervorlage: Auftragskarten: Geometrische Körper

Suche die Körper, die nur rollen können!	Suche die Körper, die eine Spitze haben!
Suche die Körper, die nur kippen können!	Suche die Körper, die neun Kanten haben!
Suche die Körper, die rollen und kippen können!	Suche die Körper, die acht Ecken haben!
Suche die Körper mit rechteckiger Grund- oder Seitenfläche!	Suche die Körper, die eine gekrümmte Fläche haben!
Suche die Körper mit quadratischer Grund- oder Seitenfläche!	Suche die Körper mit rechteckiger und quadratischer Seitenfläche!

Kopiervorlage: Konstruktive Dreiecke

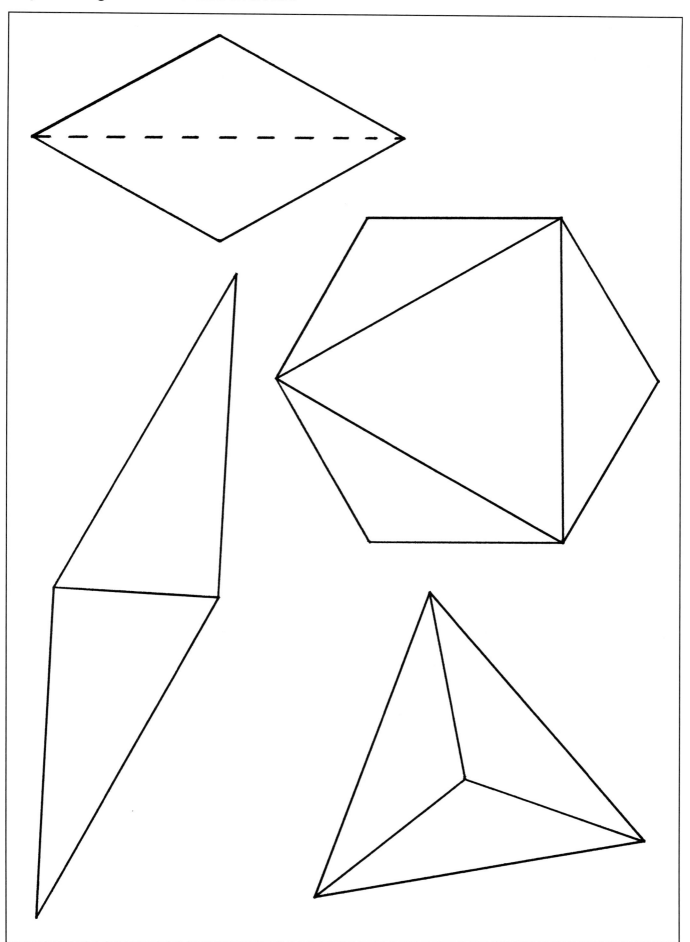

Kopiervorlage: Arbeitsblatt „Schwimmen und Sinken"

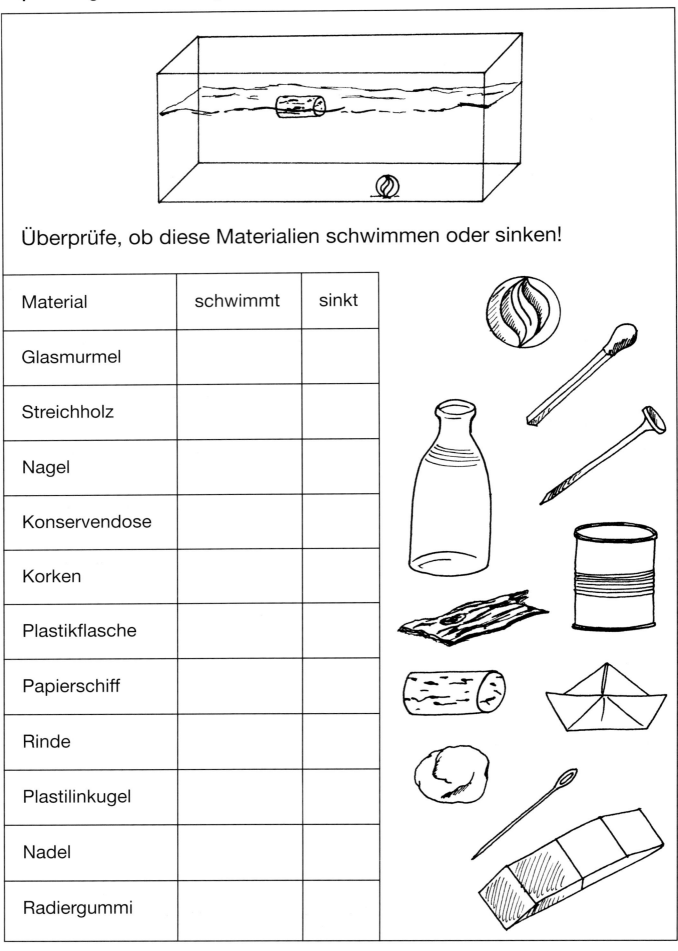

Überprüfe, ob diese Materialien schwimmen oder sinken!

Material	schwimmt	sinkt
Glasmurmel		
Streichholz		
Nagel		
Konservendose		
Korken		
Plastikflasche		
Papierschiff		
Rinde		
Plastilinkugel		
Nadel		
Radiergummi		

Kopiervorlage: Arbeitsblatt „Leiter und Nichtleiter"

Material	Leiter	Nichtleiter
Holz		
Glas		
Kupfer		
Porzellan		
Eisen		
Plastik		
Wolle/Schnur		
Messing		
Kohle		
Stein		
Gummi		

Überprüfe, welche Materialien den Strom leiten!

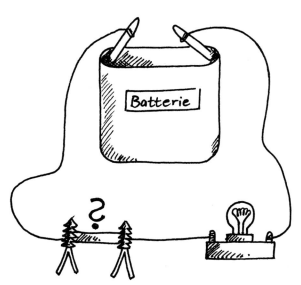

Kopiervorlage: Magnete (1)

Magnetkraft 1

Das brauchst du:

– eine Dose mit Gegenständen aus verschiedenen Materialien:

aus <u>Eisen</u>: Nagel, Nadel, Büroklammer, …
aus <u>Plastik</u>: Knopf, leere Tintenpatrone, Lego, …
aus <u>Holz</u>: Perle, Baustein, Buntstift, …
aus <u>Glas</u>: Murmel, Muggelstein, …
aus <u>Stein</u> oder <u>Ton</u>: Murmel, Stein, …

Versuch:

Lege alle Gegenstände aus und ordne die Wortkärtchen zu.
Versuche mit dem Magneten die Dinge hochzuheben. Wird ein Gegenstand von der
Magnetkraft angezogen, legst du ihn auf die *linke Seite*, wird er nicht angezogen,
lege ihn nach *rechts!*
Am Ende kannst du die Tabelle ausfüllen.

Magnetkraft 2

Das brauchst du:

– Büroklammern aus Metall
– Stabmagnet

Versuch:

Ziehe mit dem Magneten eine Büroklammer an. Mit der angezogenen Klammer ziehst
du die nächste an und so weiter. So entsteht eine Schlange aus Büroklammern.
Es scheint, dass die magnetische Kraft durch einen Gegenstand einen anderen Gegenstand anziehen kann.

Kopiervorlage: Magnete (2)

Magnetkraft 3

Das brauchst du:

- ein Glas mit Eisenspänen
- ein Papiertaschentuch
- eine Dose mit Sand
- eine Unterlage

Versuch:

Mische die Eisenspäne mit dem Sand. Schüttle die Dose mit dem Sand vorsichtig, bis die Eisenspäne nicht mehr zu sehen sind. Umhülle den Magneten mit dem Papiertaschentuch und fahre damit über den Sand. Was passiert mit den Spänen? Führe den Versuch *niemals* ohne das Papier durch.

Magnetkraft 4

Das brauchst du:

- ein Stabmagnet
- ein Hufeisenmagnet
- ein Blatt Papier
- Eisenspäne
- ein kleines Löffelchen

Versuch:

Lege *einen* Magneten auf den Tisch und decke ihn mit dem Papier zu. Streue nun einige Eisenspäne auf das Papier. Nimm den kleinen Löffel dazu! Nimm *nicht zu viele* Späne! Tippe nun mit dem Finger leicht an das Papier.
Was stellst du fest? Wie ordnen sich die Eisenspäne? Schaue genau auf die Pole! Das Muster, das entsteht, nennt man das *magnetische Feld*.

Führe den Versuch auch mit den anderen Magneten durch!

Kopiervorlage: Geburtstagskette

Ich bin geboren.

Ich werde getauft.

Ich bin 1 Jahr alt.

Ich bin 2 Jahre alt.

Ich bin 3 Jahre alt.

Ich bin 4 Jahre alt.

Ich bin 5 Jahre alt.

Ich bin 6 Jahre alt.

Ich bin 7 Jahre alt.

Ich bin 8 Jahre alt.

Ich bin 9 Jahre alt.

Ich bin 10 Jahre alt.

Ich bekomme den 1. Zahn.

Ich verliere den 1. Zahn.

Ich kann sitzen.

Ich kann krabbeln.

Ich kann stehen.

Ich sage zum 1. Mal „Mama".

Ich kann sprechen.

Ich kann alleine laufen.

Meine Schwester ist geboren.

Mein Bruder ist geboren.

Ich lerne ein Instrument.

Ich gehe in den Kindergarten.

Ich kann Rollschuh laufen.

Ich lerne Fahrrad fahren.

Ich bin ein Schulkind.

Ich kann meinen Namen schreiben.

Ich rechne bis 100.

Ich kann Schuhe binden.

Ich lerne schwimmen.

Ich kann lesen.

Ich kann mit Messer und Gabel essen.

Ich lerne stricken.

Kopiervorlage: Rätsel: Verkehrszeichen

Ich weise auf einen Fußgängerüberweg hin.	Ich zeige an, dass hier nur ein Weg für Fußgänger ist.	Ich warne die Autofahrer und Radfahrer vor einer Baustelle.
Ich zeige das Ende einer Vorfahrts-straße an.	Ich gewähre allen Fahrzeugen die Vorfahrt.	Ich verbiete allen Autos hier zu par-ken oder auch nur kurz zu halten.
Ich verbiete den Radfahrern hier zu fahren.	Zeige ich grün, darf ein Fußgänger die Straße überqueren.	Zeige ich rot, müssen alle Fahrzeuge halten.
Kein Fahrzeug darf hier durchfahren.	Ich verbiete Auto-fahrern und Rad-fahrern die Einfahrt.	Wer mich vor sich sieht, muss unbedingt anhalten und stehen bleiben.
Ich gewähre die Vorfahrt nur an der nächsten Ein-mündung oder Kreuzung.	Ich zeige an, dass Schienenfahrzeuge Vorrang haben.	Wer mich sieht, muss aufpassen, ob ein anderes Fahrzeug Vorrang hat.
Ich warne die Auto-fahrer vor Kindern, die auf die Fahrbahn laufen könnten.	Ich zeige an, dass in dieser Straße nur in einer Richtung gefahren werden kann.	Ich zeige Radfahrern und Fußgängern, dass hier ein gemeinsamer Weg für beide ist.

127

Kopiervorlage: So leben Kinder anderswo

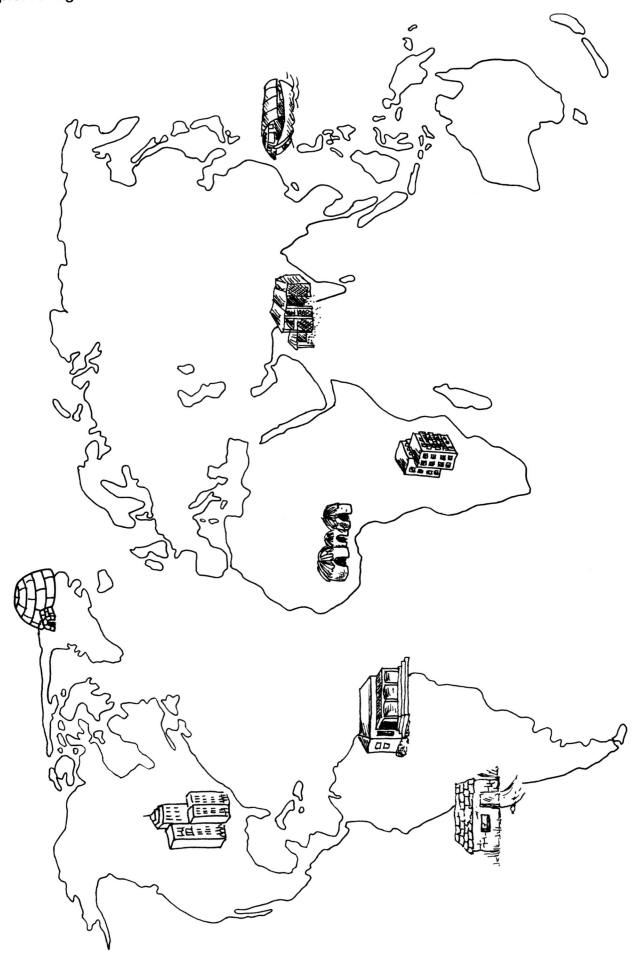

128

Kopiervorlage: Kartenspiel: ⁴/₄-Takt (1)

Kopiervorlage: Kartenspiel: ⁴/₄-Takt (2)

130

Bezugsquellen:
Materialien für die Freiarbeit (eine Auswahl)

AOL-Verlag
Waldstraße 17
77839 Lichtenau

Auer Verlag
Postfach 1152
86601 Donauwörth

AWOS
Gemeinnützige GmbH
Rennplatzstraße 221
26125 Oldenburg

ars Edition
München
(über den Buchhandel)

Beenen-Lehrmittel
Issumer Weg 19
46519 Alpen

Verlag Beltz und Gelberg
Weinheim und Basel
(über den Buchhandel)

Arnulf Betzold GmbH
Veit-Hirschmann-Straße 12
73479 Ellwangen

Cornelsen Verlag
Berlin
(über den Buchhandel)

Döll-Verlag
(über den Spielwarenhandel)

Elke-Dieck-Verlag
Postfach 1240
52525 Heinsberg

ekz (Klebefolie)
Postfach 1542
72705 Reutlingen

Verlag Heinevetter
Papenstraße 41
22089 Hamburg

Verlag im Hollen
Klaus-D. Kasper
Hollen 51
27327 Martfeld

Jacobs Helga
Schweidnitzer Straße 44
40231 Düsseldorf

Kaleidoskop Päd. Atelier
Regentenstraße 53
51063 Köln

Klett Verlag
Stuttgart
(über den Buchhandel)

Landesbund für Vogelschutz
Kirchenstraße 8
91161 Hilpoltstein

Nienhuis P.O. Box 16
7021 Zelhem / Niederlande

Neuer Finken Verlag
Postfach 1546
61440 Oberursel

Pädagogik-Kooperative
Verein bundesdeutscher
Freinet-PädagogInnen
Goebenstraße 8
36419 Bremen

Pädagogik-Zentrale
Im Brande 15A
30926 Seelze

Verlag Sigrid Persen
Bergedorfer Kopiervorlagen
Dorfstraße 14
21640 Hoerneburg

Reformpädagogische Arbeitsstelle
Kunzenweg 21
21729 Freiburg

Riedel GmbH
Unter den Linden 15
72762 Reutlingen

Ravensburger Verlag
(über den Spielwarenhandel)

Verlag an der Ruhr
Alexanderstraße 54
Postfach 10 22 51
45472 Mühlheim / Ruhr

Sauros-Verlag
Fridolinstraße 45
50825 Köln

Schmidt Torsten
Holzwaren und Lernmittel
Jahnstraße 34
25358 Horst/Holstein

Schroedel-Schulbuchverlag GmbH
Hannover
(über den Buchhandel)

Schubi-Lehrmittel
Hochwaldstraße 18
78224 Singen

SPECTRA-Lehrmittel Verlag
Beckenkamp 25
46286 Dorsten

Troxler-Haus-Werkstätten
Zum alten Zollhaus 2
42281 Wuppertal

Petra Vogt
Lernwerkstatt
Hs.-Nr. 42
96138 Unterneuses

Anmerkungen

1. Montessori 1989 (a), S. 228
2. Montessori 1991, S. 335
3. Montessori 1991, S. 56 f.
4. Montessori 1991, S. 71
5. Montessori 1989 (a), S. 129
6. Montessori 1989 (a), S. 165
7. Montessori 1988 (a), S. 160
8. Montessori 1988 (b), S. 123
9. Schmutzler 1991, S. 149
10. Montessori 1989 (a), S. 165
11. Montessori 1988 (b), S. 123
12. Montessori 1991, S. 314
13. Montessori 1989 (a), S. 200
14. Montessori 1991, S. 305 f.
15. Montessori 1989 (c), S. 203
16. Montessori 1991, S. 307
17. Helming 1994, S. 121
18. Montessori 1991, S. 308
19. Montessori 1992, S. 92
20. Montessori 1992, S. 93
21. Montessori 1991, S. 239
22. Montessori 1991, S. 226
23. Montessori 1991, S. 234
24. Montessori 1991, S. 235
25. Montessori 1991, S. 255
26. Montessori 1991, S. 277
27. Montessori 1988 (b), S. 123
28. Montessori 1988 (b), S. 47
29. Montessori 1988 (b), S. 125
30. Montessori 1988 (b), S. 126
31. Montessori 1988 (b), S. 118 f.
32. Montessori 1988 (b), S. 120
33. Montessori Maria 1994, S. 131
34. Montessori Maria 1994, S. 131
35. Montessori 1988 (b), S. 139

Literaturverzeichnis

Amtsblatt des Bayerischen Staatsministeriums für Unterricht und Kultus. Sondernummer 20. München 1981.

Christiani, R. (Hrsg.): Auch die leistungsstarken Kinder fördern. Frankfurt/Main 1994.

Fisgus, Christel/Kraft, Gertrud: „Hilf mir, es selbst zu tun!". Donauwörth 1995. 3. Aufl.

Fuchs, Brigitta/Harth-Peter, Waltraud (Hrsg.): Montessoripädagogik und die Erziehungsprobleme der Gegenwart. Würzburg 1990.

Haberl, Herbert (Hrsg.): Montessori und die Defizite der Regelschule. Wien 1993.

Heiland, Helmut: Maria Montessori. Reinbek 1991.

Hellmich, Achim/Teigeler, Peter (Hrsg.): Montessori-, Freinet-, Waldorfpädagogik. Konzeption und aktuelle Praxis. Weinheim und Basel 1992. 2. Aufl.

Helming, Helene: Montessoripädagogik. Freiburg 1994. 15. Aufl.

Holtstiege, Hildegard: Maria Montessori und die „reformpädagogische Bewegung". Freiburg 1986.

Kaiser, Astrid/Oubaid, Monika (Hrsg.): Deutsche Pädagoginnen der Gegenwart. Köln 1986.

Kohnstamm, Rita: Praktische Psychologie des Schulkindes. Bern 1994. 2. Aufl.

Kramer, Rita: Maria Montessori. Leben und Werk einer großen Frau. Frankfurt/Main 1989.

Le Bohec, P.: Verstehen heißt Wiederfinden. Natürliche Methode und Mathematik. Bremen 1994.

Leutenbacher, Helmut: Geometrie in der Grundschule. Donauwörth 1991.

Lorenz, Jens Holger: Anschauung und Veranschaulichungsmittel im Mathematikunterricht. Mentales visuelles Operieren und Rechenleistung. Göttingen 1992.

Milz, Ingeborg: Rechenschwächen erkennen und behandeln. Teilleistungsstörungen im mathematischen Denken. Dortmund 1994. 2. Aufl.

Montessori, Maria: Kinder sind anders. Stuttgart 1988. 12. Aufl. (a)

Montessori, Maria: Kosmische Erziehung. Freiburg 1988 (b).

Montessori, Maria: Das kreative Kind. Freiburg 1989. 7. Aufl. (a)

Montessori, Maria: Die Macht der Schwachen. Freiburg 1989 (b).

Montessori, Maria: Schule des Kindes. Freiburg 1989. 3. Aufl. (c)

Montessori, Maria: Die Entdeckung des Kindes. Freiburg 1991. 10. Aufl.

Montessori, Maria: Dem Leben helfen. Freiburg 1992.

Montessori, Maria: Erziehung zum Menschen. Montessori-Pädagogik heute. Frankfurt a. M. 1994.

Montessori-Vereinigung e. V.: Montessori-Material Teil 1, 2, 3. Zelhem/Niederlande 1986.

Montessori, R./Schneider-Henn, K.: Uns drückt keine Schulbank. Montessori-Erziehung im Bild. Stuttgart 1983.

Oswald, P./Schulz-Benesch, G.: Grundgedanken der Montessoripädagogik. Freiburg 1990. 10. Aufl.

Oy, Clara Maria von: Montessori-Material zur Förderung des entwicklungsgestörten und des behinderten Kindes. Heidelberg 1987.

Radatz, Hendrik/Lorenz, Jens Holger: Handbuch des Förderns im Mathematikunterricht. Hannover 1993.

Radatz, Hendrik/Rickmeyer, Knut: Handbuch für den Geometrieunterricht an Grundschulen. Hannover 1991.

Reichen, Jürgen: Lesen durch Schreiben. Hrsg.: Sabe Verlag, Zürich. „Heinevetter Lehrmittel".

Schmutzler, Hans-Joachim: Fröbel und Montessori. Zwei geniale Erzieher – Was sie unterscheidet, was sie verbindet. Freiburg 1991.

Steenberg, Ulrich: Kinder kennen ihren Weg. Ein Wegweiser zur Montessoripädagogik. Ulm 1993.

Vester, Frederic: Denken, Lernen, Vergessen. München 1991. 18. Aufl.

Wild, Rebecca: Erziehung zum Sein. Erfahrungsbericht einer aktiven Schule. Heidelberg 1990. 4. Aufl.

Wild, Rebecca: Sein zum Erziehen. Mit den Kindern leben lernen. Heidelberg 1991.

Winter, H.: Entdeckendes Lernen im Mathematikunterricht. Einblicke in die Ideengeschichte und ihre Bedeutung für die Pädagogik. Braunschweig/Wiesbaden 1991, 2. verbesserte Auflage.

Raum für Notizen

Raum für Notizen

Raum für Notizen